»Gärtner spinnen alle, das ist bekannt. Und schön ist es dazu: Wir tun das nämlich gerne, weil es das Leben so ungemein bereichern kann.«
Wer einmal Susanne Wiborgs Gartenkolumnen gelesen hat, ist ihnen verfallen wie sonst nur dem eigenen Garten. Wie konnte man je ohne Stockrosen leben, ohne Elfenkrokusse, diese »glückliche Frühlingsüberraschung«? Wo kriegt man die Perle d'Azur, diese aparte Clematis mit den vergissmeinnichtblauen Blüten, her, die den legendären Garten von Sissinghurst schmückt? Und wäre »geflecktes Lungenkraut« nicht doch zu überlegen, wenn man es als Beet voller aufmerksam gespitzter dunkelgrüner Ohren sieht?

»Wiborgs unterhaltsame Geschichten rund um Rasen, Laube und Frühbeet zeugen von einer tiefen Liebe zur Natur, einem grünen Daumen – und einer guten Prise Humor. Den braucht man auch zwischen Beet und Komposthaufen, wie jeder gute Gärtner weiß.«
Mona Grosche, Schnüss – Das Bonner Stadtmagazin

Susanne Wiborg ist Journalistin und lebt in der Nähe von Hamburg. Sie schreibt u. a. für *Die Zeit* und *kraut und rüben*. Zuletzt erschien von ihr *Bin im Garten!*.
    Rotraut Susanne Berner arbeitet als freie Illustratorin, Buchgestalterin und Autorin in München. Sie ist eine der bekanntesten zeitgenössischen Illustratorinnen und Buchgestalterinnen.

insel taschenbuch 4443
Susanne Wiborg
Mein Garten,
mein Paradies

Susanne Wiborg

Mein Garten, mein Paradies

Mit Bildern von
Rotraut Susanne Berner

Insel Verlag

Erste Auflage 2016
insel taschenbuch 4443
Insel Verlag Berlin 2016
© Verlag Antje Kunstmann GmbH, München 2014
Lizenzausgabe mit freundlicher Genehmigung
Alle Rechte vorbehalten, insbesondere das der
Übersetzung, des öffentlichen Vortrags sowie der Übertragung
durch Rundfunk und Fernsehen, auch einzelner Teile.
Kein Teil des Werkes darf in irgendeiner Form
(durch Fotografie, Mikrofilm oder andere Verfahren)
ohne schriftliche Genehmigung des Verlages reproduziert
oder unter Verwendung elektronischer Systeme verarbeitet,
vervielfältigt oder verbreitet werden.
Vertrieb durch den Suhrkamp Taschenbuch Verlag
Umschlagillustration: Rotraut Susanne Berner
Druck: CPI – Ebner & Spiegel, Ulm
Printed in Germany
ISBN 978-3-458-36143-5

*Mein Garten,
mein Paradies*

Neues vom Alten: Burgunder

Rauhes Klima, Sandboden, Regen überreichlich: Weinbaugebiet sieht irgendwie anders aus. Weil ich trotzdem von prächtigen Reben geträumt habe, waren Enttäuschungen lange reihenweise vorprogrammiert: Sorten, die unser Klima angeblich vertragen sollten, taten es mitnichten. So hatte mich die harte Heide-Realität irgendwann gelehrt, dankbar zu sein, falls sich wenigstens ein paar Blätter bis zur Herbstfärbung hielten, und weitergehende Winzer-Träume aufzugeben.

Bis der Alte kam. Genauer gesagt: Er kam nicht, ich entführte ihn. Unter dem wartenden Abrissbagger weg schaffte ich es noch, einige Ranken von einem uralten Weinstock zu bergen, der mich an der Wand eines kleinen, jahrelang leer stehenden Bauernhauses schon lange fasziniert hatte. Dort, längst tief im Schatten und inmitten von Müll und Verfall, war er als lebende Unmöglichkeit nicht nur zu einem sagenhaft üppigen und gesunden, sicher gut hundertjährigen Stock herangewachsen, der zum Schluss das ganze Haus überwucherte, sondern hatte auch noch unermüdlich Unmengen kleiner dunkelblauer Trauben getragen. Kurzum: Unter den denkbar ungünstigsten Umständen verkörperte er die größte Stärke von *Vitis vinifera*: diese fröhliche, schier unbezähmbare Vitalität.

Die zeigte sich auch an den Stecklingen: Alle trieben prompt aus, und bald war ich stolze Besitzerin von mehreren kräftigen kleinen Reben. Einige zogen um, um das alte Backhaus eines emsländischen Bauernhofes zu besiedeln, die anderen lieferten mir den willkommenen Grund, endlich einiges vom überalterten Vorbesitzer-Gestrüpp aus dem Revier zu verbannen. Bisher hatte ich es aus Pietät nicht angetastet, doch nun brauchte mein Nachwuchs eine Pergola, also: Rotwein statt Riesenberberitzen!

Der erste Frühjahrsaustrieb lehrte mich dann, die Neuzuwächse wirklich zu lieben: Er war von einem wunderschönen, intensiven Burgunderrosa, die Triebspitzen weiß bepudert. Schien die Sonne, funkelte die aparte Farbe regelrecht über dem frisch ergrünten Garten – ein absolut bezaubernder Effekt. Später waren die großen, rauen dunkelgrünen Blätter rund, nur leicht gekerbt und unterseits weißlich-rosa. Über mieseste Regenperioden hinweg blieben sie gesund, und die Stöcke wucherten mit genau diesem Überschwang, der die Weinrebe zum Symbol von Lebensfreude und Fruchtbarkeit gemacht hat.

Da entging mir vor Entzücken zunächst völlig, dass es mit der Fruchtbarkeit nicht weit her war: Mein sorgfältig nach Winzer-Rat gestutzter Wein blühte nicht und trug erst recht keine Früchte. Aus dem Emsland kam indessen schon die Kunde von einem ganzen Backhaus voller üppiger Trauben – Erfolgsgeheimnis: einfach in Ruhe lassen. Ich verzichtete also auf jeden Rückschnitt, und im vierten Standjahr war es so weit: Meine Weinstöcke blühten reichlich, und im Herbst baumelten von der Pergola blauschwarze Trauben gesunder Beeren, viel dicker, als sie es am Ursprungsstandort je gewesen waren. Ein Anblick, von dem ich im eigenen Garten schon längst nicht einmal mehr zu träumen gewagt hätte. Profis würden die Trauben zwar vermutlich als höchstens mittelgroß einschätzen, aber für diese Gegend ist das schon dicht am Paradies. Sie hatten derart dicke Schalen, dass sowohl Wespen als auch Vögel sie in Ruhe ließen, kein Mistwetter und kein Pilz brachten sie zum Platzen, und ihr Aroma wurde noch über den ersten Frost hinaus jeden Tag besser, sodass ich schließlich bis tief in den Herbst hinein frische Trauben ernten konnte.

Sie schmecken nach Burgunder, aber mit wem

genau wir es zu tun haben, wissen wir immer noch nicht. Die Beschreibung des Schwarzrieslings, wegen des wie mehlbestäubten Austriebs auch »Müllerrebe« genannt, kommt dem Alten recht nahe, passt aber nicht ganz. Vermutlich ist es einfach eine lokale Bauerngarten-Sorte aus Kaisers Zeiten, die so robust war, dass sie sogar das raue Heide-Leben bereitwillig versüßte, und die mit dem Abriss des alten Hauses endgültig in der Vergessenheit verschwunden wäre. Vor diesem Schicksal vieler lokaler Kulturpflanzen hat ihre Vitalität sie zum Glück einstweilen bewahrt: Im Emsland hat sie – außer dem Backhaus – inzwischen eine komplette Stallwand erobert, Tendenz buchstäblich: steigend, und längst gedeiht sie auch weithin im Freundeskreis.

Selbst hier, auf dem so ärgerlich beschränkten Raum, grüble ich schon wieder, wo noch eine Pflanze mehr hinpassen könnte. Was schwer werden dürfte, denn einen Nachteil hat der wuchskräftige Beinahe-Wildling leider doch: Er hasst Einschränkungen. Muss ich die Reben hart zurückschneiden, nehmen sie das schwer übel, treiben weniger stark aus und tragen im folgenden Jahr kaum. Dürfen sie sich frei entfalten, was bedeutet: bedecken, was immer ihnen vor die Ranken kommt, hängen sie prompt voller Trauben. Also eher ein Bauernhof- als ein Minigarten-Mitbewohner, doch wo ein Wille ist, ist für eine Kletterpflanze ja bekanntlich meist auch ein Weg – nach oben. Mangelnder Wille ist wirklich das Letzte, was man dem Alten nachsagen könnte, und so wird es für ihn hoffentlich auch weiterhin heißen: Fortsetzung folgt!

Einer geht immer: Efeu

Typisch Februar: Sobald die Sonne schon steigt, der Frühling aber noch hoffnungslos weit weg scheint, übersteigt mein gärtnerischer Frustpegel regelmäßig den Intelligenzquotienten. Die Weihnachts-Gartenbücher sind längst gelesen, die Kataloge sowieso, und immer noch zieht sich der Winterrest dermaßen zähe, dass ich in einem Anfall akuten Grünentzugs sogar schon im Schuppen die Werkzeuge geölt habe. Ich will endlich wieder raus, aber was kann ich da bloß machen?

Als die Sonne zum ersten Mal mühsam über die Nachbarsfichten geklettert war und es frühlingshaft warm zu werden schien, fiel mein gartengieriges Auge auf ein paar alte Blätter hinter dem Birnbaum. Normalerweise hätte ich die nicht mal registriert und gern den Regenwürmern überlassen. Aber es war eben nicht normal, es war Februar. Ich war fast ein Vierteljahr lang nur noch in dickem Regenzeug durchs Revier gehuscht, hatte höchstens mal Schneematsch räumen dürfen und die Nase voll vom Winter. Also schnappte ich mir die Fächerharke und stürzte mich mit vollem Frühlings-Elan auf die Blätter – nur um dann festzustellen, dass sie allesamt am Boden angefroren waren.

Während dieses slapstickverdächtigen Leerlauf-Harkens zupfte mich jemand unablässig an Haar und Jackenkragen: Der Efeu am Birnbaum reckte schon wieder kecke Ranken in die Luft. *Hedera helix* ist so ziemlich der Einzige hier, dem nicht nur die Jahreszeiten beneidenswert egal zu sein scheinen, sondern der sich im immer tieferen Fichtendunkel auch uneingeschränkt wohlfühlt. Einst haben ihn die Vögel mitgebracht, und seine Anfänge waren zart und täuschend niedlich: apart geschnittene und gemusterte Blättchen, die sich bescheiden in den Schatten duckten. Allerdings nicht lange. Inzwischen gilt: Wo ich dem Efeu keinen Platzverweis erteile, gehört alles ihm.

»Es gibt kaum ein treueres Grün«, begeistert sich ein Gartenbuch aus Kaisers Zeiten, »eine idealere Blattform, eine herrlichere Liane als den Efeu.« »Treu« ist hier allerdings ein absolutes Understatement. Was der Efeu hat, das hat er. Seine Festklammer-Fähigkeit grenzt an Magie, und wie schwer es ist, die vitale

Liane auch nur einigermaßen im Zaum zu halten, brauche ich niemandem zu erklären, der mit *Hedera helix* ein kleineres Revier teilen muss als eine zünftige Burgruine.

Neuaustriebe, denen man zum zigsten Mal die Einbruchsversuche durch jede Fensterritze verwehren will, knicken dabei ständig ganz kurz ab, bis die Fingernägel brechen, und bei alten Ranken gibt im Zweifelsfall zuerst der Putz nach. Anschließend folgt der Magie zweiter Teil: Hat man endlich freigelegt, was der Efeu nicht haben soll, braucht man ihm nur den Rücken zu drehen, und er ist sofort wieder da.

Was im Sommer eher entnervend wird, kommt für Februar mehr als recht: Wenn im Garten sonst nichts geht, Efeubändigen geht eigentlich immer: Die erlaubte Hauswandhöhe war schon längst wieder deutlich überschritten, von den nächsten Einsteigversuchen gar nicht zu reden. So zerrte, kratzte und riss ich alles, was sich schon wieder zwischen Mauerwerk und Fenster zu mogeln versuchte, in Ministücken von der Hauswand. Während ich die gemauerten Fensterbretter freilegte, ließ der reichlich mitkommende Fünfzigerjahre-Mörtel die Ruinen-Vorliebe von *Hedera helix* in einem ziemlich düsteren Licht erscheinen: Offenbar lässt er auch hier nichts unversucht, um sich ein artgerechtes Biotop zu erschaffen.

Nach diesem Aufwärmen kamen Apfel- und Birnbaum an die Reihe, die mit ihren knapp mannshohen grünen Pullovern gewöhnlich sehr adrett aussehen, ganz zu schweigen davon, dass ihr Efeupelz ein beliebtes Weinbergschnecken- und Zaunkönigdomizil ist. Im Moment war da allerdings nichts mehr mit adrett: Die beiden erinnerten eher an indignierte alte Damen, die erschrocken aus einem heftig ausfransenden Spitzenkragen spähten, so energisch strebte der Efeu schon wieder kronenwärts. Der Uralt-Apfelbaum hatte deutlich unter seiner malerischen Umklammerung gelitten, denn beim Efeu-Abreißen kam nicht nur die Rinde in ganzen Stücken mit, vielmehr sah das Freigelegte auch noch unerfreulich modrig aus. So verordnete ich Malus kurzerhand eine Efeupause zum Erholen, sprich: Ich legte den Stamm und seine Umgebung so weit frei, dass der Wucherer einige Zeit für den Rückweg brauchen würde. Dass dabei für mich endlich auch richtige Gartenarbeit rausspring, war der Vorteil am Rande: Das Ziehen der langen Triebe war anstrengend und daher wunderbar befriedigend, und die Belohnung folgte buchstäblich auf dem Fuße: auf dem des Apfelbaums nämlich. Überall rundum kamen jetzt die ersten zaghaften Spitzen der Krokusse zum Vorschein, die ich unter mehreren Schichten Efeu längst vergessen hatte. Während ich wie ein wandernder, tentakelgeschmückter Riesenbusch einen Schwung Endlosranken nach dem anderen kompostwärts beförderte, genoss ich die allerbeste Saisonauftakt-Laune dabei von Herzen: Zum ersten Mal nach all den dunklen Monaten konnte ich wirklich glauben, dass selbst im fiesen Februar der Frühling eigentlich schon um die Ecke wartet.

Spontane Zwerge: **Elfenkrokus**

Es gibt zwei Sorten von Vorfrühlings-Blühern: die Geduldigen und die Spontanen. Die Ersten erlauben es winterfrustrierten Gärtnern netterweise, sich über die längsten, dunkelsten Monate des Jahres hinweg wenigstens an ihrem Wachstum mitzufreuen. Narzissen und Schneeglöckchen gehören dazu, deren elegante grüne Spieße im Stop-and-Go-Verfahren jedes bisschen Wärme mit einem vielversprechenden Schub quittieren, um dann bei Kälte wieder still abzuwarten. Oder die Helleborus, die meine ewigen gärtnerischen Ungeduldstouren rund ums Revier schon sehr früh mit sichtbaren Knospenansätzen belohnen. Die ducken sich dann wochenlang an die Hauswand wie winzige, in eine üppige Krause gekuschelte Eier – das lebende, tröstliche Prinzip Frühlings-Hoffnung.

Auf der anderen Seite steht der botanische Knalleffekt: Blüten, die mit der ersten kräftigen Vorfrühlingssonne so urplötzlich da sind, dass ich eigentlich nur noch auf ein fröhliches »Peng!« warte, wenn sie aus der Erde und mir buchstäblich in den Weg zu springen scheinen. Denn dass diese temperamentvollen Typen auch noch eine Vorliebe für unkonventionelle Standortwahl haben und jede Pflasterritze nutzen, versteht sich von selbst. Prototyp solcher Schnellblüher sind hier die zierlichen Elfenkrokusse: Zwar weiß ich eigentlich, wo sie stehen, aber ihr blitzschnelles Erscheinen ist jedes Mal eine glückliche Frühlingsüberraschung: Ist es wirklich endlich so weit? Abends schien noch alles kahl, aber in der ersten vollen Sonne leuchten sie dann überall: helle, fast durchsichtig violette Kelche, von Flieder bis dicht an Purpur, in der Mitte ein aparter safrangelber Stempel. *Crocus tommasinianus* wirkt ganz besonders zart und elegant, weil die Unterseite nicht – wie bei vielen anderen Krokussen – kräftig gestrichelt, sondern einfarbig hell ist. Dieses matte, pudrige Silberweiß verstärkt das Blassviolett der Kelche, und so schimmern dann lauter graziöse kleine Amethyste da, wo eben noch winterliche Tristesse herrschte.

Ich liebe Elfenkrokusse nicht nur wegen ihres unwiderstehlichen Charmes, ich liebe sie ebenso, weil sie mich lieben. Oder vielmehr: Sie lieben meinen Garten – und das ist alles andere als selbstverständlich. Die meisten Krokusse tendieren hier dazu, sich von der Kombination aus bindigem Boden und rauem Klima unverzüglich schaudernd zu verabschieden. Die Elfenkrokusse aber blühen und vermehren sich gleichermaßen üppig, ohne dass sie dabei mehr Unterstützung benötigen als gar keine. Sie möchten einfach nur in Ruhe gelassen werden, bis sie Samen gebildet und eingezogen haben. Beides geht sehr schnell, und sobald sie wieder in der Zwiebel ruhen, stört sie nichts mehr, weder Dürre noch Dauerregen. Die violetten Zwerge sind also ebenso robust wie dekorativ – und was mehr kann man von einer Pflanze verlangen?

Hier in Norddeutschland gehört der Elfenkrokus, der ursprünglich aus Dalmatien stammt, zu den »Stinsenpflanzen«, abgeleitet vom friesischen Wort für »Steinhaus«. Steinhäuser waren einst den Wohlhabenden vorbehalten, die es sich auch leisten konnten, ihre Residenzen mit seltenen Pflanzen zu umgeben. Viele von ihnen, etwa Märzenbecher und Milchsterne, verwilderten später, sowohl in der Natur als auch am Ursprungsstandort. Berühmtestes Beispiel ist der jahrhundertealte, überwältigende Krokusteppich am Husumer Schloss mit seinen etwa fünf Millionen *Crocus napolitanus*-Pflanzen.

Wer ähnliche Pracht en miniature nachpflanzen möchte, findet dafür in dem robusten Elfenkrokus einen willigen Partner auch an ungünstigeren Standorten. Es muss nicht gleich ein Schlosspark, es muss nicht einmal Rasen sein: Am Gehölz- und Wegrand macht der kleine Violette eine wunderbare Figur, und meine Beete sind inzwischen voller eingewanderter Elfenkrokusse, die sich nach der Blüte, ihr verwelkendes Laub bestens verdeckt durch andere Pflanzen, fröhlich vermehren, während der Ruhephase gärtnerische Aktivitäten in keiner Weise übel nehmen und mit ihrem großen Vorfrühlings-Auftritt sowohl mich als auch die ersten Insekten restlos begeistern.

Elfenkrokusse en masse haben eigentlich nur einen einzigen Nachteil: Man muss sie erstmal ansiedeln. Die Zwiebeln sind winzig und überdies im Großhandel verlockend preiswert – eine tückische Kombination: Im ersten hochsommerlichen Anfänger-Überschwang bestellte ich gleich neunhundert, und die verpassten mir im Herbst eine Art gärtnerischen Realitätsschock. Verstärkt wurde der noch dadurch, dass die Zwiebelchen so dankenswert robust sind wie die ganze Pflanze und ich daher prompt der Versuchung erlag, all die Empfindlicheren vorzuziehen. Und weil eine Blumenzwiebel bekanntlich nie allein kommt – bei mir schon mal gar nicht – wurde es Advent, bis die Elfenkrokusse endlich an der Reihe waren. In düster-feuchter Kälte kniend, mit klammen

Fingern all diese Minis einzeln einzubuddeln, war schon ein Gartenerlebnis der besonderen Art. Aber wie sehr sich so etwas schließlich lohnt, brauche ich ja keinem glücklich verrückten Gärtner zu erzählen – erst recht nicht jetzt zum Saisonbeginn!

Das Gewässer des Grauens

Dass der schöne letzte Arktiswinter auch einen hohen Preis kosten würde, zeichnete sich schon beim ersten Zwischen-Tauwetter ab: Etwas Rötliches leuchtete unter dem Teicheis hervor. Es war Shui. Glänzend in sattem Orange, von langen Flossen umwallt, makellos bis zur letzten blanken Schuppe – aber tot. Ausgerechnet Shui! Sie war nicht nur die Schönste meiner Goldfische, sie und Feng waren auch die, mit denen das Wasser im Garten buchstäblich gewachsen war: vom Holzfass über die Riesen-Mörtelwanne zogen die Fische schließlich in einen kleinen Teich. Dass sie den nicht einmal mehr vorübergehend zu verlassen gedachten, machten sie mir dann schon im ersten Herbst nachdrücklich klar. Sie verschwanden unauffindbar ins mehr als Metertiefe, sobald es kalt wurde, und ins Wohnzimmer-Aquarium zog stattdessen ihr Nachwuchs: winzige schwarze Fischchen, die über den Winter eine fast magische Verwandlung vollführten: Sie wechselten zunächst in eine metallische Messingfarbe, dann in reines Gold und schließlich ins erwachsene Strahlendrot. Einige hatten von Mutter Shui die lang gezogenen Flossen und das lebhafte Temperament geerbt, andere schlugen mehr nach Fengs behäbiger Karpfenseite – und alle sahen sie verschieden aus.

Ja, ich weiß: Goldfische sind der flossentragende Horror ökologisch korrekter Teichbesitzer, aber mir war das egal: Ohne Feng und Shui hätte es hier überhaupt keinen Teich gegeben, und ich liebte sie einfach allesamt. In seinem grünen Rahmen brachte der Schwarm gleichzeitig Leben und Ruhe in die Gartenmitte, und wenn die schimmernden roten Rücken auftauchten und mit dieser lautlosen, fast meditativen Gelassenheit wieder versanken, verstand ich genau, weshalb Goldfische, das allererste Luxus-Haustier der Menschheit, in so vielen Kulturen als Glückssymbole gelten. Nützlich waren meine übrigens auch, denn sie vertilgten begeistert so ziemlich alles Krabbelzeug, das ich im Garten loswerden wollte, am liebsten massenhaft Blattläuse.

Im Winter leisteten mir einige Fische im Haus Gesellschaft, die anderen überwinterten problemlos draußen, selbst bei längerem Frost. Als letzten Herbst jedoch Terrier Erbse einzog, entschloss ich mich, zum ersten Mal auf das große Aquarium zu verzichten. Kabel und Wasserschläuche im Wohnzimmer sind mit einem überaus nagefreudigen Junghund nur sehr bedingt kompatibel, und im Teich hatte es jahrelang nie Verluste gegeben. Es sollte also gut gehen. Eigentlich. Doch spätestens, als nach Rekordschneefall, Tauwetter und dann hartem Frost sogar der Eisfreihalter komplett im massiven, undurchsichtigen Gefrorenen verschwunden war, wurde klar, dass es diesmal kaum gut gehen konnte.

Es ging auch nicht gut: Im März schaukelten gleich im ersten getauten Spalt zwischen Eis und Teichwand traurig zwei leblose Goldfische, und was dann unter den schmelzenden Schollen hervorkam, war nichts als Tod und Verwesung. War der Verlust der Fische besonders schmerzhaft, weil er etwas wie den Abschied von vertrauten Freunden bedeutete, so erinnerten die vielen toten Frösche an einen ganz besonders brechreizerregenden Horrorfilm. Die armen Viecher hatten sich zwischen den Steinen im Flachen verkrochen und waren da monatelang komplett ins Eis eingeschlossen gewesen. Jetzt ragten überall erst lange bläulichblasse Beine wie gruselige Tentakel aus den verhängnisvollen Verstecken hervor, denen dann aufgequollene Körper folgten – ein Anblick, der mich inständig wünschen ließ, das Gewässer des Grauens kurzerhand zuzuschütten und schnurstracks in die Karibik zu fliehen. Immer neue Leichen rutschten aus jeder Spalte nach, und je weiter der Frühling fortschritt, desto weniger ansprechend sahen sie aus.

Der Massenbeerdigung folgte dann eine Grundreinigung per Teichsauger – jedenfalls bis dessen Abfluss verstopfte und ich versuchte, mit den Fingern zu entfernen, was ich für alte Blätter hielt. Mit einem satten »pflopp« löste sich schließlich der Pfropfen, und blitzschnell wickelten sich in einem Schwall eisigen Wassers sehr lange und nicht mehr sehr frische Froschbeine wie winzige Gummihandschuhe um meine Finger, gefolgt von einer amorphen, gallertartigen Masse. Der Schock war so groß, dass er sogar den Fluchtreflex ausschaltete: Ich glotzte fassungslos auf den surrealen Anblick und verstand erst mit Verzögerung, was ich da eigentlich anstarrte. Dafür wurde ich in den nächsten Tagen schon beim bloßen Gedanken an meinen Teich von unheimlicher, garantiert psychosomatischer Übelkeit geplagt.

Inzwischen ist das kleine Gewässer längst wieder ansehnlich und ökologisch einwandfrei dazu. Selbstverständlich freut es mich, dass es von Libellenlarven nur so wimmelt, aber die kleinen grauen Killer-Torpedos – die übrigens die spärliche Brut der wenigen überlebenden Frösche komplett vertilgt haben – besitzen nun einmal nicht die dekorativen Qualitäten schimmernder Goldfische, von den meditativen ganz zu schweigen. Feng, Shui und Familie werden hier zwar keine Nachfolger bekommen, weil ich ein derartiges Desaster nie wieder erleben möchte – aber sie fehlen schon sehr!

»... während du eifrig andere Pläne machst«: Scharbockskraut

»Das Leben«, hat John Lennon gewusst, »ist das, was dir passiert, während du eifrig andere Pläne machst.« Die Einsicht, wie recht er damit hatte, wuchs mir letztes Frühjahr buchstäblich zu – und das ausgerechnet, nachdem ein Plan so grandios aufgegangen schien: Ich hatte es tatsächlich geschafft, eine beträchtliche Menge Giersch zu kompostieren. Spurlos und ohne dass er, wie von Nachbarn mit diesem genüsslich katastrophenträchtigen Unterton vorhergesagt, schon beim Versuch den ganzen Garten überrannte.

Das dominante Doldengewächs – eine der wenigen Pflanzen, deren Eroberungszügen militärische Terminologie absolut angemessen ist – hatte im vorhergehenden Frühsommer von seinem Rückzugsgebiet unter den alten Sträuchern aus unerfreulich breitflächige Geländegewinne verzeichnet und war dabei dicht an einige Pflanzen vorgerückt, auf deren Anwesenheit ich deutlich mehr Wert lege. Also grub ich eine stattliche Giersch-Menge aus und hatte ein Problem: Das üppige Laub und die viele anhängende Erde waren viel zu schade zum Wegwerfen, aber schon beim bloßen Gedanken, alle – alle! – weißen Würzelchen penibel auslesen zu müssen, spürte ich ein unterschwelliges nervöses Kribbeln. Dann lieber komplett kompostieren – unter verschärften Sicherheitsbedingungen, versteht sich.

Aus einem Schnellkomposter konstruierte ich so etwas wie einen Spezialknast für besonders gefährliche Pflanzen: Standort auf offenem Boden, damit ich jeden Ausbruch im Keim ersticken konnte, dickes Sackleinen zuunterst, darauf Strauchwerk, dann halbreifer Kompost. Dann erst kam der Giersch, mit reichlich Pferdemist unterfüttert, durchmischt und zugedeckt, damit er schleunigst möglichst hoch erhitzt wurde. Es klappte bestens: Der Giersch verging in seiner Hitzepackung so schnell, dass ihm nicht einmal mehr Zeit blieb, letzte Fluchtversuche durch die Ritzen des Komposters zu starten. Alles fiel rasant in sich zusammen, massenhaft Würmer fanden sich ein, und ich konnte auf jeder Gartenrunde mit tiefer Genugtuung den Deckel heben, um mich am rapiden Wandel des grünen Eroberers in besten Dünger zu weiden. So etwas mag Nicht-Gärtnern zwar kindisch klingen – aber Triumphe über *Aegopodium podagra-*

ria sollte man wirklich mit vollem Herzen auskosten: Sie sind selten genug.

Im Herbst war alles waldduftende Erde, die ich im Hochgefühl einer gemeisterten Herausforderung über den ganzen Garten verteilte. Zurück blieb ein Rest, mit dem ich im Frühjahr die Kübelpflanzen verwöhnen wollte. So der Plan, doch es kam anders: Anfang April war der braune Hügel plötzlich dunkelgrün, flächendeckend von glänzenden herzförmigen Blättchen überzogen. Überall dort, wo ich beim Verteilen gekrümelt hatte, zogen sich ebenfalls saftig grüne Bahnen. Das *konnte* doch nicht etwa…? Doch. Es war Scharbockskraut – und zwar in Massen. Dass es an einigen Stellen den Giersch durchzog, hatte ich im Sommer, in dem es längst eingezogen hatte, schlicht vergessen, und damit, dass seine Brut- und Wurzelknöllchen so absolut kochfest sind, hätte ich ohnehin niemals gerechnet. So hatte mich hinterrücks das botanische Leben eingeholt: Das Scharbockskraut hatte bestens überstanden, was sogar dem Giersch den Garaus gemacht hatte, und meinen Rundum-Verbreitungsservice unverzüglich genutzt: Überall glänzten bald die typischen dunklen Blätterherzchen.

Es war die totale Niederlage, denn über viele Jahre hinweg hat es mich reichlich Handarbeit gekostet, das vermehrungsfreudige Grünzeug auf den einzigen

Platz zu beschränken, auf dem es willkommen ist: auf eine dünn mit Erde bedeckte alte Betonplatte. Hier, wo – außer dem Giersch natürlich – alles andere aufgibt, öffnet es im zeitigen Frühjahr mit jedem Sonnenstrahl seine unzähligen Sternchen in einer intensiv dottergelben Leuchtfarbe, die mir normalerweise viel zu krass wäre. Nach einem langen, düsteren Winter aber ist sie nicht nur für die massenhaft anfliegenden Insekten, sondern auch für die entzugsgeplagte Gärtnerseele so etwas wie Balsam. Leider denkt etwas derart Konkurrenzkräftiges natürlich nicht daran, sich kampflos domestizieren und einschränken zu lassen, und in meiner Anfänger-Naivität hielt ich die gelben Sternchen überall zunächst auch noch für eine nette Bereicherung. Seit ich aber reichlich kraftlos um Hilfe winkende Mitgewächse aus den erstickenden grünen Teppichen befreien musste, weiß ich's besser und schränke die wuchernde Wildpflanze rigoros ein. Entgegenkommenderweise verrät sie sich ja über eine kurze Zeitspanne durch dieses unübersehbare Gelb, leicht zu ziehen ist sie dann auch, und so kamen wir alles in allem ganz gut miteinander aus.

Bis jetzt: Diesen Frühling werde ich wohl rekordverdächtig jäten müssen, wenn nicht alles flächendeckend unter Scharbockskraut verschwinden soll, denn letztes Jahr dürfte mir während der kurzen Vegetationsperiode ein guter Teil der selbstverursachten Invasion entwischt sein. Immerhin reichlich Gelegenheit, in Ruhe darüber nachzudenken, wie sehr John Lennons weise Erkenntnis auch auf das Gärtner-Leben zutrifft!

Frühlingsgefühle

Das Wunderbare am Mai ist die Qual der Wahl. Ich weiß nie, worüber ich mich am meisten freuen soll: frisches Grün, duftende blassviolette Nachtviolenschleier, verheißungsvoll anschwellende Mohn- und Rosenknospen – oder ist es etwa doch mein ebenso winziger wie üppiger Nutzgarten? Der misst, großzügig gerechnet, etwa zwei auf zwei Meter und liegt zwischen dem großen Apfel- und dem kleinen Quittenbaum. Auf der einen Seite begrenzt ihn der rötlich knospende Burgunder am Zaun, auf der anderen das Grasfleckchen, das »Rasen« zu nennen eine Vermessenheit wäre. Um diese Jahreszeit bekommt das Stückchen Erde dazwischen noch so viel Licht, dass ich mich hier auch mal so richtig selbstversorgertüchtig und autark fühlen darf – zumindest, was Salat und Kräuter betrifft.

»MS Fischland«, das überall in Haus und Garten verbaute Schiff meines uralten Kapitäns-Vorgängers, hat lange dabei geholfen: Eine ihrer Ladeluken aus massiver Eiche ergab ein perfektes Hochbeet. In diesem silbrig verwitterten Rahmen war alles dekorativ: Lollo Rosso plus Kopfsalat, beide so eng in Reihen gesetzt, dass sie statt Köpfen besser dosierbaren Pflücksalat ergaben, ein üppiger Kresserand rundum. Rot zu Maigrün, durchsichtig-zarte zu stabilen gekrausten Blättern, dazu lila Schnittlauchblüten-Tupfer und moosgrüne Petersilie – das war unter den blühenden Bäumen so hübsch, dass es richtig schwerfiel, Löcher in dieses lebende Bild zu pflücken. Ein großer silbriger Estragon, ein bisschen Rauke, Kapuzinerkresse und reichlich von meinem Lieblingskraut Borretsch kamen dazu. Im Halbschatten hielt sich alles erstaunlich lange lecker, bevor der Salat schoss und der himmelblau blühende Borretsch übernahm.

Im letzten Frühjahr allerdings flog die keimende Kressesaat ungewohnt großflächig aus dem Beet. Das schrieb ich zunächst den Amseln zu und buchte es unter »etwas Schwund ist immer« ab. Als der gut eingewurzelte Salat nicht nur aus-, sondern auch noch zu Hügelchen aufgescharrt wurde, wunderte ich mich doch. Allerdings nicht lange: Kurz darauf rekelte sich auf dem Gras vor dem Beet eine dicke schwarze Katze, bedauerlicherweise eine mit mangelndem Urteilsvermögen: Als sie Terrier Erbse sah, blies sie sich zum doppelten Umfang auf, zischte wie ein ärgerlicher Igel und stakste dem deutlich kleineren Hund drohend entgegen. Daraufhin explodierte Erbse regelrecht, und der aggressive Eindringling schaffte es nur noch mit knapper Not über den Zaun.

Nun war alles klar: Mein Küchengarten war ein Katzenklo. Nach lauter Rasen- und Betonplatten-Biotopen rundum bot sich hier wunderschöne lockere Erde – ein Komfort, den die Mieze keinesfalls aufzugeben bereit war: Essiggetränkte Lappen am Beetrand interessierten sie kein Stück, stacheliger Rosenschnitt, der solche Probleme bisher immer gelöst hatte, zerriss mir die Finger und zerfledderte die Gewächse jämmerlich, wenn ihn die Katze allnächtlich ungerührt beiseitekratzte. Kükendraht ermunterte die nächtliche Besucherin zu akrobatischen Höchstleistungen: Sie kackte tatsächlich ungerührt durchs Gitter, überließ aber fortan mir die Aufgabe, das von ihrem Körpergewicht heruntergebogene Geflecht von ihren Hinterlassenschaften zu trennen. Der Appetit war mir längst vergangen, und so war es eine reine Trotzreaktion, als ich mit stabilerem Draht nachrüstete. Für mich waren die verbarrikadierten Gewächse nun kaum noch zu erreichen, und die Mieze wich ungerührt ins Beet direkt unter meinem Küchenfenster aus. Was nicht nur meinen Kochspaß noch weiter schmälerte, sondern auch der Katze zu einigen Nahtoderfahrungen bei unverhofften Zusammentreffen mit Erbse verhalf. Die hatte angesichts dieser ständigen Verletzung ihrer Hausrechte inzwischen den blanken Mord im Auge.

Mein Grünzeug war ungenießbar. Mein Hochbeet erinnerte an einen Raubtierkäfig. Mein Hund strich knurrend durchs Revier und fing an, ebenfalls an strategischen Punkten zu markieren. Gartenspaß im schönen Mai stelle ich mir irgendwie anders vor. Zumal die Mieze nun auch noch dazu überging, mit ihren Liebhabern olfaktorische Verabredungen zu treffen. Sprich: Immer mehr Katzen mit Frühlingsgefühlen markierten mein Hochbeet dermaßen intensiv, dass die verwitterten Bohlen bald rochen wie eine öffentliche Toilette der zweifelhaftesten Sorte. Dem nächtlichen Gekreische nach zu urteilen, ging es dort auch ganz ähnlich zu.

Was nun? Da ich weder auf mein essbares Frühlingsgrün verzichten, noch gärtnern wollte, um mich zu ärgern, blieb mir nur noch, das Beste aus allem zu machen und mir kurzentschlossen das lang ersehnte kleine Gewächshaus zuzulegen. Es wurde nicht die Gusseisen-Orangerie aller Träume, ist leider lange nicht so romantisch wie »MS Fischland«, aber es bedeutet eine Tür zwischen dem Katzen-Nachtleben und meinem Salat. Und es ist mal wieder ein Muster für Wunscherfüllung auf ziemlich skurrilen Umwegen. Nachdem das geklappt hat, fehlt mir nun eigentlich nur noch der zwingend perfekte Grund, mir endlich Hühner anzuschaffen ...

Der Kokos-Killer

Der Mai war gekommen, und prompt schlugen nicht nur die Bäume aus, sondern auch noch die Rambler zu. So war es jedenfalls im letzten Frühjahr. Immer dasselbe: Entweder hatte es geregnet, und die an der Pergola aufgebundenen Ranken der Rosengiganten waren nass und schwer, wenn ich sie passierte. Oder ich zog sie ungeduldig zu mir herab, um zu sehen, ob da nicht doch schon was aufblühte. Und dann: Die scheinbar stabile Anbinde-Kokosschnur riss, und ich sah mich unversehens dem vehementen Luftangriff einer Riesenrose ausgesetzt. Zunächst schob ich das regelmäßige Malheur auf eines der großen ungelösten Rätsel der Gartenwelt: Warum kann die Menschheit eigentlich zum Mond fliegen, ist aber außerstande, Anbindematerialien zu produzieren, die gleichermaßen haltbar, pflanzenfreundlich und optisch akzeptabel sind?

Der klassische Bindebast ist zwar nett zu den Gewächsen, reißt aber in der Nässe norddeutscher Sommer schon unter geringer Belastung. Auf Fotos stören die vielen hellen Strippen in üppigem Clematisranken-Grün überdies ebensosehr wie *in natura*. Kunstbast wäre da, abgesehen von den herbstlichen Häcksler-Komplikationen, wenn man ihn nicht sorgfältig genug entfernt, schon eher geeignet, aber: Er ist hier kaum in einer annehmbaren Farbe aufzutreiben. Vielleicht bin ich ja pingelig, aber ein Krassgrün mit Metallicschimmer soll meinen Pflanzen nun mal nicht die Schau stehlen. Toll waren die dezent braun ummantelten Binder aus dem Weinbau, aber auch die gaben dann viel zu schnell auf. Ähnlich der Bindedraht, der komischerweise auch fast nur in scheußlich auffallender Farbe zu haben ist. Um Kaliber wie die Rambler-Rosen zur Ortstreue zu verdonnern, bedarf es ohnehin eines Drahtes in Zaunbau-Stärke. Das unnachgiebige Material zerscheuert dann irgendwann die Rosen-Rinde, und die Pilze lassen nicht auf sich warten.

Kräftige Kokosschnur war da immer ein akzeptabler Kompromiss. Bis zu jenem Frühjahr, in dem das merkwürdige Phänomen auftrat: Die Schlingen rissen nicht nur dauernd, ich fand sogar morgens welche abgefallen unter der Pergola. Aber wieso, und wieso so plötzlich? Kleine Singvögel, die Kokosfasern zur Brutzeit gern als Nistmaterial benutzen, waren für so viel Schaden eher nicht kräftig genug. Eichhörnchen? Aber weshalb, und weshalb nahmen sie das schöne Baumaterial dann nicht mit? Der Wind, der die Schnur auf der Pergolakante zerscheuerte? Gute Theorie, die sich aber erledigte, als ich eines sonnigen, total windstillen Morgens das abends gezogene Band schon wieder auf dem Rasen fand – ausgefranst und durchgerissen.

Ich hätte den chronischen Schnurschwund wohl ebenfalls unter den ewig ungelösten Rätseln verbucht, hätte ich nicht eines frühen Maimorgens durchs offene Fenster ein seltsames Geräusch gehört, eine Mischung aus Luftkampf und animiertem ornithologischem Selbstgespräch: Gekrächze, kleine Gesangsstrophen dazwischen und immer wieder Flügelschlagen. Vorsichtig peilte ich aus dem Fenster – und da sah ich ihn endlich, den Kokos-Killer: Ein blanker, schmucker Eichelhäher saß auf der Pergola und zerrte wie verrückt an der Schnur, die ich erst am Vortag so sorgfältig verknotet hatte. Die Inbrunst, mit der er dabei vorging, war erstaunlich: Er zog und riss, er flatterte mit vollem Körpereinsatz rückwärts, bis er sich auf seine gespreizten Schwanzfedern setzte, er schüttelte das Objekt seiner Begierde wie ein Welpe einen Lappen. Als nichts half, hüpfte er auf die

Schnur und zupfte mit seinem kräftigen Schnabel büschelweise Fasern heraus, bevor er die immer fransigere Schnur wieder rückwärtszerrte. Zwischendurch hielt er inne, krächzte und sang, so, als würde er sich selbst anfeuern. Und schließlich hatte er Erfolg: Die Schnur riss. Doch der Vogel nahm die schwer erkämpfte Trophäe nicht etwa zum Nestbau mit, wie ich eigentlich gewettet hätte. Er schleuderte sie einfach weg und ließ sie fallen. Einen Moment lang sah er ihr mit schiefem Kopf nach, gab ein kleines, wie beifälliges Geräusch von sich, dann hopste er weiter die Pergola entlang, bis er den nächsten Kokosknoten erreicht hatte. Daran zerrte er wieder mit viel Geflatter und einem Einsatz, der verdächtig nach Vergnügen aussah.

Und erst in diesem Moment wurde mir klar, was ich da eigentlich Verblüffendes beobachtete: Der Häher *spielte*! Der clevere Rabenvogel verfolgte tatsächlich keinen Zweck. Es ging ihm weder um Nistmaterial noch um Beute – es ging ihm einfach, auf irgendeine vogelige Weise, um seinen Spaß. Den hatte er anscheinend so sehr, dass er noch eine ganze Zeit lang täglich wiederkam, bis ihn offenbar der Ernst des Brutzeit-Lebens samt Elternpflichten doch noch einholte: Irgendwann blieben die Schnüre heil. Zwar hatte ich da längst dicken Zaundraht durch meine absturzgefährdeten Rambler gezogen und seitdem wieder Ruhe, aber die Kokosschnur ließ ich trotzdem hängen, extra für den Häher. So verrückt es klingt: Ich brachte es einfach nicht fertig, meinen so unerwartet kreativen gefiederten Gast zu enttäuschen. Er wollte doch nur spielen!

Schwereloses Violett: Zierlauch

Ich brauche mich bloß ins Gras zu setzen. Aus dieser Perspektive sieht es dann aus, als würden sie schweben: ein ganzer Schwarm schwerelos aufgeplusterter violetter Zierlauch-Kugeln hoch über der niedrigen Buchsbaumhecke. Mit rosa, weißen und dunkelblauen Akeleien-Tupfen und einigen Tulpen dazwischen ist *Allium aflatunense* jetzt ein um so verblüffenderer Anblick, als dieses stimmungsvolle Frühlingsbild beinahe von selbst buchstäblich erblüht ist.

Geplant hatte ich eigentlich jede Menge lilienblütiger Tulpen überall, Noblesse pur auf hohen Stielen, und höchstens ein paar Zierlauch-Kugeln als einzelne Akzente dazwischen. Un-eigentlich kam dann mal wieder alles anders: Tulpen vertragen meinen bindigen Boden nicht, der Grauschimmel rafft sie kollektiv dahin. Daher pflanze ich schon lange nur noch einige wenige Tulpen in kleine Töpfe, die ich nach der Blüte leicht ziehen kann und hoffe, so irgendwann wieder halbwegs pilzfrei zu werden. Bisher allerdings war da alle Mühe vergeblich

Doch während ich jahrelang mit dem Gammel-Schicksal der edlen Tulpen haderte, war jemand anders längst bereit gewesen, die schmerzliche Frühjahrs-Lücke zu füllen: *Allium aflatunense*, eigentlich nur für eine Nebenrolle vorgesehen, gedieh im nassen, sandigen Lehm nicht nur allerbestens, sondern honorierte darüber hinaus auch alles, was ich eigentlich nur unternahm, um es den empfindlicheren Zwiebelpflanzen recht zu machen. Egal, ob ich es mit Kompost oder Asche, Umgraben oder Urgesteinsmehl versuchte: Die Tulpen starben trotzdem, die Lilien desgleichen, der Zierlauch aber schien vor Wohlbefinden geradezu zu explodieren. Wo zunächst eine Blüte gewesen war, prangten längst viele, und beim herbstlichen Nachgraben fand ich ganze Klumpen praller weißer Zwiebeln. Was genaugenommen verrückt ist: *Allium aflatunense*, auch »Iranlauch« genannt, ist ursprünglich Steppenbewohner und sollte mit seinen ungeschützten Bulben den feuchten Halbschatten eigentlich noch schlechter vertragen, noch anfälliger für Grauschimmel sein als die Tulpenzwiebeln in ihren festen Hüllen. Doch glücklicherweise scheint er das nicht zu wissen und lebt hier entsprechend unbefangen. Seit ich auch noch Zwiebeln der dunkler blühenden Sorte »Purple Sensation« gesetzt habe, schimmert der ganze Hof im April in allen möglichen Violetttönen, vom schlichten Schnittlauchlila bis hin zum üppigen, vollen Purpur.

Ein bezaubernder Anblick in fast unfrühlingshaft dunklen und tiefen Farben, und ebenso bezaubernd ist der Zierlauch auch aus der Nähe: Jede einzelne seiner Kugeln besteht aus vielen grazilen sechszackigen Sternchen mit einem grünen Punkt in der Mitte. Da die Blüte sich erst schmal, etwa wie beim Schnittlauch, öffnet, und dann zur vollen Kugel aufspringt, erinnert sie sehr an ein Miniaturfeuerwerk, ist aber glücklicherweise nicht annähernd so flüchtig. Zwar werden die einziehenden großen Zierlauchblätter so schnell so unansehnlich, dass er am besten zwischen möglichst üppigen Stauden aufgehoben ist, die Blüten aber bieten dafür eine um so längere Zugabe. Die filigranen Kugeln der Samenstände setzen noch lange grüne Ruhepunkte ins Bunte und betonen den flammenden Überschwang der Türkenmohn-Blüten wie eine feine, lebendige Grafik. Bei frühsommerlichem Dauerregen machen sie niemals verzagt schlapp wie der Mohn oder die alten Rosen, sondern wechseln aufrecht vom Grün ins Goldgelb, um schließlich im Sommer – zu durchsichtigem hellbraunem Papier verbrannt – massenhaft schwarze Samen freizugeben.

Die keimen üppig, wo sie gefallen sind, und was zunächst wie ein Büschel Gras aussieht, ergibt später reichlich winzige Zwiebelchen. Auch sie können bestens für sich selbst sorgen, ganz ohne aufwendigen Extra-Service: Bei sommerlichen Erdarbeiten oder mit dem Kompost verteilen sie sich allmählich durch den ganzen Garten. Irgendwann stehen dann auch da, wo ich sie nie erwartet hätte, neue kleine Kugeln in ihrem betörenden Violett.

Falls sich nach einer so mitreißenden Vorstellung unversehens die gärtnerische Wehmut einschleicht – schon wieder alles vorbei, für ein ganzes Jahr…? – gibt es zum Trost noch eine Steigerung: Nach *Allium aflatunense* blüht *Allium christophii*, der Sternkugellauch. Während die Blüten seines Vorgängers immer ein bisschen gedämpft, fast wie gepudert aussehen, prangen die riesigen Kugeln von *Allium christophii* in glänzender metallischer Amethystfarbe. Es gibt zwar kaum einen schmuckeren Rosen-Begleiter, aber für meinen immer schattigeren Garten hat dieses Prachtstück leider einen Nachteil: Es braucht viel Licht. Dennoch tauchte eine seiner Kugeln ausgerechnet zwischen den Himbeeren unter dem alten Kirschbaum auf, eigentlich an einem völlig unpassenden Standort. Die Blüte war denn auch ziemlich klein, ihre Wirkung dafür um so dekorativer: Sie schimmerte fast magisch aus dem grünen Schatten, und wenn sie glitzernd jeden Lichtstrahl reflektierte, stach sie für diesen kurzen, glänzenden Moment sogar die Rosen als Blickfang aus. Was für ein Segen, dass Pflanzen keine Gartenbücher lesen!

Fortsetzung folgt: Nashornkäfer

Das Tollste am Garten? Dass er eine unendliche Geschichte ist: Nie ist irgendetwas abgeschlossen, nie fertig, nie unveränderlich. Immer heißt es stattdessen: »Fortsetzung folgt!« Blüten öffnen sich und vergehen, mehr oder weniger willkommene Pflanzen tauchen an allen möglichen und unmöglichen Plätzen auf, flache Rosetten verwandeln sich in schmale, hohe Blütenkerzen, Tiere kommen und gehen. Unverhoffte Kapitel gibt es da reichlich, unerwünschte leider auch: Meine wild wuchernden Riesen-Heckenrosen etwa knickte ein sommerliches Unwetter, und seit sie professionell geschnitten und mit einer Stütze versorgt worden sind, wollen sie schlicht nicht mehr. Im Mai, in dem die Giganten früher vor Blüten schier überschäumten, winken jetzt nur noch ein paar mickrige Zweiglein wie zum traurigen Hohn von der schicken Pergola, und ich fürchte allmählich, diese Geschichte geht nicht gut aus.

Um so mehr Hoffnung setzte ich dafür auf die um die gleiche Zeit anstehende Fortsetzung meines kleinen Garten-Thrillers, auf Kapitel zwei von *Die Invasion der Riesenmaden*. Selten habe ich draußen so einen Schreck bekommen wie bei der jähen herbstlichen Begegnung mit Kompostbewohnern, die auf verblüffende Weise an das erinnern, was Harry Potters Wildhüter-Freund Hagrid an seine mörderische Riesenspinne Aragog zu verfüttern pflegte: fingerlange, grotesk aufgedunsene weißliche Maden, so überdimensional, fremd und bizarr, dass ich sie im ersten Unglauben tatsächlich für eine surreale Ausgeburt exzessiver Potter-Lektüre hielt. Es waren dann Larven des Nashornkäfers, die sich gleich massenweise zum Einzug in meinen Innenstadt-Garten entschlossen hatten.

Natürlich war ich sehr neugierig auf die seltenen Käfer und bereitete meinen wärmeliebenden Gästen daher ein luxuriöses Winterquartier, angenehm klimatisiert mit dicken Schichten Herbstlaub und Pferdemist. Ich ging sogar so weit, den Kompost im Frühjahr so lange in Ruhe zu lassen, bis es richtig warm war, auch wenn ich mir einbildete, das ganze Grünzeug sähe mich ob des ausbleibenden Humus-Nachschubs irgendwie vorwurfsvoll an. Im Mai begann ich endlich gespannt und vorsichtig, die Deckschichten abzuheben. Dort, wo es richtig warm wurde, fand ich den ersten fertigen Nashornkäfer. Die groteske Larve hatte sich verblüffend verwandelt: Aus dem aufgeblähten, milchig-durchsichtigen Horrovieh war ein viel kleinerer, aber mit etwa drei Zentimetern Länge immer noch beeindruckend stattlicher Käfer geworden. Er, oder vielmehr: sie, denn es war ein hornloses Weibchen, saß in robuster, leuchtender Ganzkörper-Panzerung auf meiner Hand, rötlichbraun und nagelneu schimmernd wie eine Kastanie in Hochglanzlackierung. Sie war von der ersten Begegnung mit dem Licht weitaus weniger begeistert als ich von ihrem Anblick und versuchte schleunigst, durch meine Finger wieder ins Dunkle zu entkommen. Jeder, der je einen Mistkäfer festgehalten hat, weiß, wie viel zielbewusste Kraft ein so kleines Panzertier aufbringt. Das Nashornkäfer-Weibchen war da noch weitaus energischer und verschwand ruckzuck wieder in der sicheren Tiefe. Dann fand ich ein Männchen, das sogar noch eindrucksvoller aussah: Mit seinem kräftigen, dreifach gebuckelten Nackenschild und dem rückwärtsgebogenen, spitzen schwarzen Horn erinnerte der Käfer weniger an das namensgebende Nashorn, sondern in seiner seltsam archaischen Erscheinung noch mehr an einen winzigen Triceratops, einen gehörnten Saurier. Eine exotische und fast verschwendete

Pracht: Nach der Larvenzeit, die zwischen drei und fünf Jahre dauert, leben die adulten Käfer nur noch wenige Wochen, sind dämmerungs- und nachtaktiv und sterben nach der Eiablage. Nahrung nehmen sie, eventuell abgesehen von Eichensaft, nicht mehr auf. Sie sind also trotz ihrer martialischen Erscheinung ebenso wenig Gartenschädlinge wie die Larven, die sich von Zerfallsprodukten, am liebsten von verrottendem Holz, ernähren und mit ihrer erstaunlichen Kraft den Kompost ausgiebig lockern können.

Ich hätte diesen Besuch als faszinierendes Intermezzo abgehakt, denn Nashornkäfer gelten als überaus wärmeliebend. Doch offenbar können sie sich sogar an die norddeutsche Tiefebene anpassen: Meine Gepanzerten waren gekommen, um zu bleiben. Ein Abteil meiner dreigeteilten Kompostkiste gehört inzwischen ihnen, und wenn ich Humus brauche, hebe ich ihn einfach in Etappen ab. Sobald es oben kühler wird, wandern die Larven fix ins Warme, und eine Lage Pferdemist da, wo ich sie hinhaben möchte, zieht sie so zuverlässig an wie ein Magnet. So kommen wir uns gegenseitig kaum in die Quere.

Offenbar mögen sie den Service, denn inzwischen sind sie so zahlreich, dass ich einem hingerissenen Mitgärtner aus einem Nachbarort einige mitgab. Exakt dort präsentierte im Mai darauf ein entzückter

Naturbeobachter seinen kostbaren Fund strahlend dem Lokalblättchen: »Zoologische Sensation! Seltener Käfer aufgetaucht!« Ob das wohl »unserer« war? Keine Ahnung – aber bestimmt ein bemerkenswertes Kapitel aus der ewigen Garten-Saga: »Fortsetzung folgt!«

Showdown unter der Pergola: »Erbsen-Reha«

Ob Nachwuchs-Terrier »Erbse« Gedanken lesen kann? Kurz nachdem ich angesichts der Löcher überall mit dem Gedanken gespielt hatte, ihr Buddel-Talent gezielt für gärtnerische Zwecke einzusetzen, kam sie mir jedenfalls zuvor. Ich wollte noch einen Rambler setzen, hatte für das Pflanzloch jedoch derart wenig Platz, dass ich mir statt der Grabgabel eine Handschaufel holte. Als ich zurückkam, flog mir die Erde schon entgegen, und aus dem Beet ragte steil ein weißes, schwarz geflecktes Hinterteil: Erbse hatte sich diese eindeutige Aufforderung zum gemeinsamen Buddeln in der Verbotszone keinesfalls entgehen lassen können. Tatsächlich hat sie dann hingebungsvoll und punktgenau das tollste Pflanzloch ausgehoben, das sich eine Rose nur wünschen kann, reichlich lockere Aushuberde inklusive.

Dann traf uns das Pech: Schon mit der ersten Läufigkeit fing sich die junge Hündin eine fiese Gebärmutterentzündung ein, musste kastriert werden, durfte zunächst nicht mit ihren Hundekumpels toben und sollte den Garten zum kontrollierten Temperaments-Abbrennen nutzen. Was für die junge Wilde bedeutete, im Russell-Turbo um Haus und Beete zu fetzen und dabei so intensiv an ihrer Kurventechnik zu arbeiten, dass alles Grüne, das das Pech hatte, in ihre Tiefflug-Bahn zu ragen, einfach abgemäht wurde. Wenn sie so, im grafischen Schwarz-Weiß, mit flatternden Ohren und diesem hingerissenen Grinsen im kleinen Gesicht ihre Runden drehte, ähnelte sie verblüffend einer Comicfigur. Sogar die Geräusche schienen aus einen Cartoon zu stammen: »taptaptap – hechelhechelhechel« – und vorbei war sie. Gedämpftes Hecheln bedeutete Traglast: entweder einen Stock oder den geklauten Handfeger. Klang es eher wie »spotzspotzspotz«, schleppte sie gerade einen angekauten Plastikblumentopf, der über ihrer Schnauze klebte wie eine bizarre Mischung aus Maulkorb und Gasmaske. Einmal flappte ihr etwas gruselig Blasses aus dem Fang: ein einstmals getrocknetes Rinderohr aus einem ihrer geheimen Depots, das sie nach dem Schaulaufen sorgfältig wieder versteckte. Unterirdisches Verstecken gehört ebenfalls zu Erbses Stärken, und folglich sah ich das ekelhafte Ding erst beim Kompost-Verteilen wieder, wo es mir einen Todesschrecken einjagte, als es so unverhofft von der Grabgabel baumelte. Dass Erbse ihre Schätze so perfekt vergräbt, wurde zum Problem, als mir ein Blumentopf zerbrach und ich hektisch nach dem Handfeger suchte. Den aber hatte mein Hund gerade sorgfältig unter den Tomaten verbuddelt...

Doch Rennen, Wühlen, Holzknabbern, das Verschlingen alles Verschlingbaren und das Wälzen in Taubenmist füllen einen genesenden Jungterrier natürlich nicht annähernd aus. So fand Erbse schnell heraus, dass auch Wasser ein Super-Hundespielzeug ist: Erst watete sie vorsichtig gegen die Strömung den winzigen Bachlauf entlang, dann trabte sie, und anschließend nahm sie diese neue Herausforderung in ihre Turbo-Runden auf. Dabei schob sie entzückte Mäusesprünge nach dem Wasser ein, das rund um ihre kräftigen Pfoten wild in alle Richtungen spritzte. Leider tat die Randbepflanzung dasselbe, und so brauchte nicht nur Erbse, sondern auch der Garten und ich regelmäßige Pausen von dieser Reha der besonderen Art. Wenigstens im Haus war Ruhe – jedenfalls so lange, bis mich ein jagdfiebriges Aufjaulen aus dem Wohnzimmer gerade noch rechtzeitig alarmierte, um meine 35-Zentimeter-Patientin aus dem Stand aufs 90 Zentimeter hohe Fensterbrett setzen zu sehen, fest entschlossen, der dicken Hummel an der Scheibe notfalls in die dritte Dimension zu folgen. Glücklicherweise sind meine Reflexe recht gut, denn seit den Eskapaden von Vorgängerin Kümmel kenne ich die erste und oberste Terrier-Besitzerpflicht: Pass auf die verrückten Viecher auf – sie selber tun's nämlich nicht! So bekam ich Erbse wenigstens zu fassen, bevor sie abstürzte.

Zum Showdown kam es dann, als ich tat, was man natürlich niemals tun sollte: prekär auf einer kippeligen Alu-Leiter stehend, »nur mal eben schnell« Wein- und Clematisranken an die Pergola binden. Während ich Darwin-Award-verdächtig im Luftraum wackelte, näherte sich plötzlich rasend schnell Erbses vertrautes Renngeräusch. Gleich würde sie mit geschätzter dreifacher Lichtgeschwindigkeit knapp hinter mir um die Hausecke biegen, und im selben Tempo ging mir auf, dass wir ein Problem hatten: Die Leiter versperrte ihr den Weg. In die dichte Buchsbaumhecke konnte sie nicht ausweichen, schon gar nicht in so kurzer Reaktionszeit. Doch in genau dem Sekundenbruchteil, in dem ich mich schon im besten Trickfilmstil von der Pergola baumeln sah, während Terrier und Leiter nach der Kollision in verschiedene Richtungen explodierten, setzte Erbse, einen Stock im Maul, elegant über die Hecke, senste krachend eine Schneise durchs Staudenbeet und war schon wieder um die

Hausecke verschwunden, ohne auch nur das Tempo verringert zu haben. Während ich ihr, immer noch krampfhaft an die Pergola gekrallt, fassungslos nachstarrte, wurde endlich auch mir klar, was für Erbse längst offensichtlich war: Mein Terrier war wieder fit!

Im Westen nichts Neues

Gärtnern ist zwar wunderbar, scheint aber gelegentlich auch zu massiven Macken zu führen: Ich zum Beispiel habe es inzwischen geschafft, eine simple Pflanze regelrecht zu *hassen*. In jedem Comic stände hier noch ein effektvolles »SCHLUCHZ!«, und das mit Recht: Sollte mich je vor Frust der Schlag treffen, dann wäre es an der westlichen Grundstücksgrenze, halb kniend, halb auf dem Bauch liegend, eingeklemmt zwischen Zaun und alten Büschen, in dieser unmöglichen Position noch mal bis zur Bandscheiben-Sollbruchstelle verdreht. Die eine erkaltete Hand wäre um eine kleine, schon wieder elend in Strauchwurzeln verhakte Grabgabel gekrampft, während die andere ein Büschel spröder weißer Wurzeln umklammerte. Und – darauf würde ich wetten – aus dem flächendeckenden, sattgrünen Gierschbeet jenseits des Zauns käme sofort ein kollektives »Na endlich – auf geht's!«, und eine weißbewurzelte Welle würde unaufhaltsam über mich hinwegspülen, um wieder in Besitz zu nehmen, was ich ihr seit nunmehr anderthalb Jahrzehnten hartnäckig verweigere.

Endsieg für *Aegopodium podagraria*: Das ist der Stoff, aus dem die Gärtner-Alpträume sind. Dem militanten grünen Eroberer gegenüber scheint militärische Terminologie durchaus angebracht, aber natürlich kann man es auch philosophischer sagen: Wer einmal die Sinnlosigkeit allen menschlichen Tuns unvergesslich demonstriert bekommen möchte, benötigt dazu nichts weiter als eine alte, mit einem enormen Wurzelteppich ausgestattete, von jedem Verfolgungsdruck verschonte Giersch-Monokultur entlang der Gartengrenze, die rund ums Jahr unermüdlich ihr Comeback versucht.

Schließlich hat ihm ja früher alles gehört: Die Geschichte meines Gärtchens ist auch die Geschichte ewiger Auseinandersetzungen mit dem dominanten Doldengewächs, das sich nach langer Alleinherrschaft nur sehr mühsam räumlich eingrenzen ließ. Allen guten Tipps zum Trotz: Kartoffelreihen am Rosenbeet sahen zwar originell aus, beeinflussten den Giersch jedoch in keiner Weise, ebenso wenig wie Storchschnabel jeder Art, den er locker zuwucherte. Einer dicken Immergrün-Decke kommt er deutlich schwerer bei, aber bis die erst mal dick ist, hat er längst seine Chance genutzt. Chemie entfällt schon wegen der alten Sträucher, zu Kalkstickstoff auf dem frisch gerodeten Beet habe ich mich aber vor Verzweiflung schon hinreißen lassen. Resultat: Die Wüste lebte – und wie: Viele niedliche Gierschblättchen winkten im Handumdrehen fröhlich aus den zwar geschwärzten, ansonsten aber unversehrten Sprossachsen. Kann man also ebenfalls vergessen.

Doch selbst der Giersch hat zwei Vorteile: Er ist a.) wenigstens keine Ackerwinde, und b.) stinkfaul. Lockerer Humus auf hartem Unterboden zieht die Wurzeln unweigerlich nach oben, und da lassen sie sich leichter erwischen. Sorgsam per Hand, versteht sich, denn das ist wirklich das Einzige, was hier je geholfen hat. Und komme mir an dieser Stelle bitte niemand mit »einfach aufessen« und »wohlschmeckendem Wildgemüse«: Ich finde diesen kratzigen Geschmack nach welkem Möhrenkraut auf dem Teller fast noch unsympathischer als das Rohprodukt im Rosenbeet. Terrier Erbse wenigstens frisst kleingehackten Giersch im Futter – sie würde allerdings auch alles verdrücken, solange es nur mit reichlich grünem Pansen angerichtet ist.

Es wäre ja halb so wild, wenn sich das Giersch-Aufkommen wenigstens irgendwo in der Nähe des Normalbestands hielte, mit dem so ziemlich jeder Gärtner irgendwann friedlich zu leben lernt. Doch seit das wohlgenährte fünfblättrige Invasionsheer aus dem Nachbargarten sozusagen ungehindert Anlauf nehmen kann, ist die Situation für mich völlig gekippt. Abgesehen davon, dass ich mein bisschen Gartenzeit auch gern mal anders als mit ewig erfolglosem, rückenschmerzendem Gebuddel verbringe, half das schlicht nichts mehr. Kaum war ich erschöpft von dannen gewankt, war der Giersch schon wieder da. Schließlich ließ ich den Profi erst professionell buddeln und dann ein dickes Vlies entlang der Grenze verlegen, inklusive eines Kragens um jeden meiner alten Büsche. Eine aufwendige und entsprechend teure Aktion, und die interessierte nachbarliche Frage über die saftiggrüne Plantage hinweg: »Haben Sie das wegen dem Giersch gemacht?« fand ich dabei nicht wirklich aufbauend. Auf mein zähneknirschendes »Ja« kam übrigens ein fröhliches: »Das haben wir uns schon gedacht!«

Inzwischen wölbt sich *Aegopodium podagraria* wie eine grüne Brandungswelle hoch an der Vlieskante, versucht unablässig Vorstöße über den Rand und vollbringt unterirdisch schier Unglaubliches: Sagenhafte siebzig Zentimeter unter dem Vlies durch hat er tatsächlich schon geschafft. Bewundern muss man ihn ja, und immerhin kann ich ihn jetzt halbwegs aufhalten. Fragt sich nur, wie lange: Drüben darf er inzwischen dekorativ blühen, und ich habe den eingeflogenen Nachwuchs schon an Plätzen gefunden, die ich eigentlich seinem Eroberungsdrang längst entzogen glaubte. Doch bei dieser Pflanze heißt das natürlich nichts – während es bei mir wohl fürs Gärtnerleben heißen wird: Im Westen nichts Neues.

Mal wieder die Heckenrosen...

Habe ich heute schon von Heckenrosen geschwärmt? Dann wird's höchste Zeit, denn *Rosa canina* ist für mich das schönste Symbol für den Auftakt der schönsten Jahreszeit. Ein überhängender Strauch sieht jetzt aus wie ein rosa-weißer Wasserfall, seine Blüten gelten nicht umsonst als fünfblättriges Musterbeispiel des Goldenen Schnitts, des Inbegriffs von Harmonie und Ästhetik. Ihr frischer, leichter Apfelduft passt so perfekt zum Sommeranfang, dass er die schweren Parfums vieler domestizierter Rosen locker ausstechen kann. Ausstechen, leider auch im ganz wörtlichen Sinn, gehört ohnehin zu den Spezialitäten dieser ebenso bezaubernden wie unnahbaren Rosen-Riesen. Zwar lebt *Rosa canina* seit ewigen Zeiten in enger Menschengesellschaft, wie etwa der »tausendjährige« Rosenstock am Hildesheimer Dom und unzählige Kunstwerke beweisen, aber eine sanfte Kulturpflanze ist sie dabei nie geworden. Im Gegenteil:

Die großen Stärken der Heckenrosen sind ihre Wildheit und ihr grandioser Überschwang – die ganz große blühende Geste.

Unwiderstehliche Ungeheuer also, mit denen mich im Garten mittlerweile eine fünfzehnjährige Hassliebe verbindet. Die Liebe liegt dabei eher auf meiner Seite, denn in einer Gegend, in der botanischer Überschwang buchstäblich beklagenswert dünn gesät ist, war ich von den Heckenrosen direkt vor dem Wohnzimmerfenster derart hingerissen, dass ich ihnen gerne alles nachsah, selbst diese irgendwie beiläufige Bösartigkeit, mit der sie ihre beweglichen, hoch aufgerüsteten Peitschen ruckzuck in jedem versenken können, der dumm genug ist, in ihre Intimsphäre einzudringen – vorzugsweise also in mir. Da sich schnell zeigte, dass ein so enormer, militant verteidigter Platzbedarf auf einem Kleinstgrundstück mit menschlichen Interessen nicht kompatibel ist, band ich sie an starken Pfosten möglichst hoch auf. Mit mehrfachem Nutzen: Die Rosen benötigten viel weniger Bodenfläche für eine viel üppigere Pracht, der Weg am Haus entlang war wieder mit halbwegs heiler Haut passierbar, und im lichten Schatten gedieh ein duftiger Waldmeisterteppich samt wunderschönem Laubwald-Frühjahrsflor.

Allerdings musste ich dafür die Giganten nach

jeder Blüte erst ausschneiden und anschließend neu festbinden. Sie waren inzwischen zweieinhalb Meter hoch, und meine Erfolge hielten sich in immer engeren Grenzen. Jeder Schnitt geriet nicht nur zum Action-Spektakel, weil sich die langen, biegsamen Zweige mit ihren Angelhaken überall erbittert festkrallten, er regte auch immer kräftigeres Wachstum an. Ein Baumpfleger musterte das Ergebnis mit eisiger professioneller Missbilligung und schlug unmissverständlich den radikalen Einsatz von Axt und Säge vor.

So etwas kam natürlich nicht infrage, doch als der dornige Wall die Dachrinnen-Höhe gut überschritt, wurde selbst mir langsam mulmig. Mein bescheidenes Heim erinnerte inzwischen an eine bürgerliche Variante von Dornröschens Schloss – und zwar an eine belagerte. Meine zaghaften Versuche, die Rosen wenigstens außerhalb bewohnter Räume zu halten, an deren Scheiben sie drohend kratzten, wurden richtig riskant. Von einer kippeligen Trittleiter aus durch eine massive Zusammenballung von Nato-Draht zu greifen, um sie mit dreifacher Kokosschnur irgendwie einzufangen, anschließend ein stacheliges Schwergewicht mit vollem Körpereinsatz möglichst weit rückwärts zu zerren und gegen harten Widerstand an Pfosten zu fesseln, hätten höchstens hartgesottene

Masochisten noch als Gartenlust bezeichnen können. Und am Ende war alles vergeblich: Nach einem schweren Sommer-Unwetter lagen sie flach, inklusive dreier sauber abgeknickter dicker Pfosten.

Weil ich meine Heckenrosen so liebe, wollte ich es nun besonders gut machen: Statt einfach die Kronen abzuschneiden und die zähen Stämme wieder aufzurichten, ließ ich das Trio vom diskret triumphierenden Profi sachgemäß auf den Stock setzen. So durchgreifend verjüngt, sollten sie gesund wieder austreiben können, um sich dann elegant und sicher auf einer eigens für sie gebauten Pergola aufzutürmen. Doch die Heckenrosen, die von all meinen amateurhaften Gemetzeln nur stärker geworden waren, demonstrierten nach dem ersten fachmännischen Schnitt eindrucksvoll, was »am Boden zerstört« wirklich bedeutet: Vorbei war es mit der hinreißenden Pracht. Über drei Jahre hinweg trieben sie nicht mehr als ein paar mickrige Zweiglein. Der Waldmeister ist inzwischen weg, die winterlichen Vogelschwärme und die brütenden Grasmücken desgleichen. Nicht einmal eine Ersatzpflanzung für die kläglichen Überreste käme schlimmstenfalls in Frage: Der Boden ist so mit Zement von einem alten Fahnenmast-Fundament durchsetzt, dass nur robuste Pioniere wie *Rosa canina* hier überhaupt überleben konnten. So bleibt mir auch für diesen Sommer nichts als gießen, hoffen und bitten. Vielleicht rappeln sie sich ja doch noch auf – so, wie es der tausendjährige Rosenstock immer wieder geschafft hat? Eines jedenfalls habe ich ihnen für diesen unwahrscheinlichen Fall fest versprochen: Die Profis bleiben ihnen fortan von den Stacheln!

Fernsehen für Terrier: Haselnuss

Diese Geschichte beginnt, wie so einige, in meinem Garten: in dem Baumarkt, in dem es besonders stabile Tontöpfe gibt. Ist da mal wieder ein Versorgungsgang fällig, nehme ich mir natürlich hoch und heilig vor, nichts als die Pötte zu beachten und den Pflanzen keinen einzigen Blick zu schenken, weil mein winziger Garten schon längst überquillt. Ebenso natürlich wird nichts draus: Jedes Mal, wenn ich mit bemühtem Tunnelblick gen Ausgang strebe, steht genau da der Container mit den Sonderangeboten, für seine Insassen die letzte Station vor der Grünabfall-Deponie. Und (natürlich!): Jedes Mal kommt – mindestens – einer von ihnen mit…

So bin ich schon ungeplant zu Felsenbirnen in der Hecke, einer inzwischen prächtigen Lenzrose, Rittersporen und einigen Funkien gekommen, von Saisonware wie Geranien und Gewürzen ganz abgesehen. Die rote Haselnuss allerdings war so etwas wie ein

Sonderfall, inmitten der geballten floralen Tristesse eigentlich völlig fehl am Platz, weil dem kräftigen kleinen Strauch offensichtlich nur eines fehlte: Käuferinteresse. Seine Wurzeln waren längst so üppig aus dem Topfboden gequollen, dass er nicht mehr stehen konnte und einfach quer hingeschmissen im Container lag. Von dort aus funkelte mich der rote Austrieb derart verlockend an, dass ich mal wieder prompt stehen blieb: War das nicht eine perfekte Ergänzung zu meinem ebenfalls rotweinfarbenen Perückenstrauch? Wenn dann noch die Rambler-Rose »Veilchenblau« vor den beiden blühen würde, ergäbe das drei wunderschöne dunkle Kontrapunkte mitten im wuchernden Grün ... und da hatte ich die rote Nuss auch schon gekauft.

Das Platzproblem, das ewige? Würde sich nach der bewährten »Kommt Zeit, kommt Rat«-Regel schon irgendwie lösen. Musste es auch, denn ich war ohnehin im Haselnuss-Wort: Terrier Kümmel, meiner damaligen Gartenbegleiterin, hatte ich hoch und heilig versprochen: »Wenn du mal älter bist, kriegst du im Herbst Eichhörnchen-Fernsehen ganz für dich allein!« Kümmel liebte es nämlich, ihre Beute bei schlechtem Wetter bequem vom Fensterbrett aus zu beobachten, stundenlang, mit regloser Katzengeduld, nur heftig schwanzwedelnd und ab und zu vor unterdrückter

Spannung leise winselnd – und der Traum aller Träume waren für sie die ewig unerreichbaren Eichhörnchen.

Am nächsten gekommen war sie einem Jagderfolg ausgerechnet an dem sonnigen Oktobermittag, an dem wir bei weit geöffneten Wohnzimmerfenstern gemeinsam auf dem Sofa dösten. Auf dem Tisch stand eine Schale mit Obst und frischen Haselnüssen. Plötzlich machte es »plumps«, und auf dem Fensterbrett landete der alte, fette und enorm dreiste Eichkater, dem das Revier seit Jahren gehörte. Zwar zuckte er nervös mit dem Puschelschwanz, nahm aber dennoch entschlossen die leckeren Nüsse ins Visier, rückte sich zum Absprung zurecht – und alles geschah gleichzeitig: Kümmel stürzte sich mit einem Terrier-Urschrei hörnchenwärts, ich schmiss mich weniger reaktionsschnell, aber mit einem ebenso hysterischen »Nein!« hinterher und erwischte noch ein Hinterbein, bevor ich schmerzhaft auf den Holzfußboden krachte. Kümmel, die fest entschlossen gewesen war, der Beute notfalls aus dem Fenster nachzusetzen, schrie vor Frust, und der Eichkater saß sicher hoch in den großen Heckenrosen und kommentierte das Spektakel mit wütendem Gekecker.

Vielleicht, so überlegte ich, während ich später mein blaues Knie mit Salbe einschmierte, vielleicht war es Zeit, Kümmels Eichhörnchenfieber langfristig in geordnete Bahnen zu lenken. Ein schöner Haselnussstrauch, vor die Hecke und in Wohnzimmer-Sichtweite gesetzt, würde mir nicht nur bald Früchte bringen, sondern meinem Hund den Riesenspaß dazu, die Nager nach Belieben vom Fensterbrett aus zu beobachten. Das würde Kümmel selbst dann noch tun können, wenn sie nicht mehr so fix und agil auf den Pfoten war. Ich war richtig gerührt von einem so wunderbaren Plan und sah uns schon beide, verklärt wie eine lebende Landlust-Idylle, den turnenden Eichhörnchen zusehen.

Und tatsächlich: Die schöne rote Zellernuss schlug sich selbst auf dem beschränkten Platz tapfer in die Höhe durch und bringt wirklich einen wunderbaren optischen Ruhepunkt ins üppige Grün. Gut tragen tut sie inzwischen auch. Nur Kümmel, die hat leider nichts mehr davon: Sie erblindete und starb schon im besten Terrieralter. Nachfolgerin Erbse glaubt mir bis heute nicht, dass Glasscheiben auch bei Beutesichtung unpassierbar sind, wenn man den Durchbruch nur intensiv genug versucht. Sie bleibt also vorsichtshalber von Fensterbanksitzen und Hörnchenfernsehen ausgeschlossen. Und die Hörnchen selbst? Die sind zwar allherbstlich programmgemäß zur Stelle, haben sich aber auf meine selbst angebauten Shiitakepilze spezialisiert, die sie regelmäßig fressen, bevor ich ernten kann. Die Nüsse vergraben sie dafür rundum, sodass inzwischen überall kecke rote Sämlinge auftauchen. So fängt diese Geschichte nicht nur an wie so viele hier, sie endet auch so, wie die meisten Gartengeschichten eben enden: ganz anders als geplant.

Liebe, Traum und Tod: Staudenmohn

Wenn nur ein einziger aufblüht, leuchtet der ganze Garten. Keine andere Pflanze kann Glanz und Fülle dieser Jahreszeit so wunderbar konzentrieren wie *Papaver orientale*, der Staudenmohn. Einen Sommeranfang ohne seine überwältigende Präsenz kann ich mir einfach nicht vorstellen. Wie denn auch? Der Mohn schafft es tatsächlich, diesen kurzen strahlenden Moment einzufangen, in dem der Frühling sich verabschiedet, die Sonne fast am höchsten steht und die Rosenzeit beginnt, kurz: den Moment, in dem im Garten alles möglich scheint.

So viel rauschhafte Hoffnung lebt meistens nur bis zum nächsten Islandtief, und auch dazu passt der Staudenmohn: Seine Blüten sind zwar kurzlebig, dafür aber umso spektakulärer. Eine Pflanze mit diesem Temperament muss es einfach eilig haben: Die raue Knospe springt auf wie im Zeitraffer, die knittrigen, seidigen Kelche entfalten sich schnell, die glänzende Mohnblüte reflektiert sofort jeden Sonnenstrahl. Naheliegend, dass so viel drängender, flammender Überschwang seit jeher auch als Liebessymbol gilt – allerdings als geheimnisvolles und abgründiges. So ambivalent wie die ganze Pflanze, die hinter ihrem äußerlichen Feuer die einschläfernde Wirkung des Opiums verbirgt, ist auch das Innere ihrer Blüte: Auf dem leuchtend orangeroten Grund trägt sie ein tiefschwarzes Kreuz. Hier gehört alles dicht zusammen: Liebe, Traum und Tod. Da ist der Mohn als blühender Mythos ebenso konkurrenzlos wie als blühende Verkörperung hinreißenden, verschwenderischen Glanzes.

Was man angesichts seiner Flüchtigkeit kaum für möglich hält: Der Staudenmohn ist ebenso die verkörperte Hartnäckigkeit – jedenfalls dann, wenn er einen Standort mag und dort mit seinen Pfahlwurzeln Fuß gefasst hat. Hier um die Ecke liebte *Papaver orientale* die alten Bauerngärten, die auf der einzigen Lehmader im sandigen Heideboden angelegt waren. Die kleinen Häuschen wurden eines Tages alle abgerissen, Gras, Quecke und Efeu überwucherten die alten Gärten, die Fläche hinter einer hohen Hainbuchenhecke lag viele Jahre brach – und der Mohn nutzte seine Chance. Er war tief eingewurzelt, also stärker als der Grasteppich, und ohne Häuserschatten und regulierende Gärtnerhand blühte er von Juni zu Juni üppiger und auf größerer Fläche. Seine feuerfarbenen Blüten hoben sich intensiv vom grünen Untergrund ab und schienen in ihrer unbegrenzten Freiheit größer und leuchtender als im Gartenbeet. Ganz am Rand, ein bisschen abseits vom großen Feuerwerk, blühte sogar eine Staude in einem sanften, satten Muschelrosa. In dieser kargen Landschaft wirkte das unerwartete Bild wie ein farbsattes expressionistisches Gemälde, das einen puritanisch sparsamen Rahmen einfach zu sprengen scheint.

Natürlich konnte das kleine Wunder nicht dauern, natürlich standen eines Tages die Bagger bereit – und ebenso natürlich versuchten wir, wenigstens ein bisschen von der Frühsommerpracht in den heimischen Garten zu retten. Genaugenommen eine völlig hirnrissige Aktion: Es war trockener Hochsommer, der Mohn hatte fast eingezogen, und das Suchen nach Wurzelstöcken zwischen üppigem Knäuelgras und in backsteinhartem Lehmboden glich einem rückenstrapazierenden botanischen Versuch- und Irrtum-Spiel. Das alles für eine Pflanze, die im Gartencenter um die Ecke billig zu haben war. Aber wo bliebe bitte der Spaßfaktor, wenn alles im Garten nur kühle Vernunft wäre? Glücklicherweise hatten die Stauden sehr dicht gestanden, sodass sich wenigstens ein paar

Wurzelstöcke fanden und so weit wie möglich ausbuddeln ließen. Und noch viel glücklicher: Der Mohn spielte tatsächlich mit.

Normalerweise kann Staudenmohn, vor allem, wenn er älter ist, Umzügen eher wenig abgewinnen, aber er wuchs tatsächlich an. Im kleinen Beet blühte er dann irgendwie gedämpft, beinahe ernüchtert, so, als bemühe er sich vergeblich, die legendären Feiern seiner wilden Jugend noch einmal aufleben zu lassen, obwohl er längst vom spießigen Alltag gebändigt war. Aber mit den Jahren wurde er wieder üppiger, seine Blüten passten wunderbar zu den großen grünen Kugeln der Zierlauch-Samenstände, und die dicke grüne Samenkapsel mit dem schwarzen Muster war ebenfalls noch ein Schmuckstück. Allerdings nur ein kurzlebiges, denn ich räume den Staudenmohn zügig ab, oft sogar schon, bevor die Blätter komplett eingezogen haben. In feuchten Jahren geht es leider nicht anders: Welke, nasse Mohnblätter wirken auf Nacktschnecken wie ein Luxushotel mit Fünfsternerestaurant, und einen Massenaufmarsch wohlgenährter *Arion lusitanicus* samt entsprechend üppigen Gelegen mitten im Beet muss ich dann doch nicht haben.

Der Mohn hat das auch nie besonders übel genommen. Trennen könnte uns jetzt allerdings etwas anderes: der unerbittlich wachsende Nadelbaumschatten von nebenan, auf den diese Sonnenpflanze ganz besonders empfindlich reagiert. Immerhin – noch blüht sie hier, und so lange ganz früh an einem schönen Junimorgen der Staudenmohn wenigstens eine seiner glänzenden Schalen öffnet, bin ich ja schon zufrieden: Dann hat er den Sommer endlich mitgebracht!

Unbeschreiblich: Tuscany

Beginnen wir mit ihrer einzigen schlechten Eigenschaft: Sie ist unbeschreiblich. »Tuscany«, der uralten »Gallica«-Rose muss man einfach selbst ins dunkle Gesicht sehen, um ihren vollen Charme genießen zu können: die samtige, schimmernde Textur ihrer welligen Blütenblätter ebenso wie die zwischen Dunkelpurpur und Kastanienbraun changierende Farbe, die so tief sein kann, dass sie gelegentlich sogar zu den ersten schwarzen Rosen gezählt worden ist. Um so bestechender ist der Kontrast zur leuchtend goldenen Mitte. Kurz: die »velvet rose«, die Samtrose, 1596 zum ersten Mal schriftlich erwähnt, aber sicher viel älter, hat einfach alles: Duft, Schönheit und dieses unverkennbare Flair von Noblesse und leicht morbider Grandezza, das viele historische Rosen fast greifbar umgibt. Sie könnten Geschichten und Geschichte erzählen, und sie tun es auch, wenn man nur zuhören möchte: »Sie rufen alles wach, was wir jemals von

Rosen in Gedichten gelesen oder auf Bildern gesehen haben«, schwärmte etwa Vita Sackville-West.

In dieser angemessen romantischen Stimmung, die man sich in der Rosenzeit unbedingt gönnen sollte (wann denn bitte sonst?!), kann selbst meine einzelne Tuscany, einen Steinwurf von der lauten Hauptstraße entfernt, jederzeit alles reflektieren, was zu ihresgleichen gehört: mittelalterliche Stundenbücher, den Duft mauerumsäumter Klostergärten, in denen die Samtrote einst über silbrigen Kräutern blühte, uralte Stickereien auf verblasstem Damast und die überschwängliche Pracht legendärer Rosenkollektionen. Betrachtet man sie realistischer, ist sie nicht weniger bezaubernd, zeigt aber deutlich, dass sie zwar viel härter ist als ihre zarte weiße Verwandtschaft, aber von norddeutschem Dauerregen auch nicht viel hält. Und regelrechte Banausen pflegen sich angesichts ihrer Grazie unfehlbar zu outen: »Das sollen Rosen sein? So klein? Und blühen bloß einmal? Da kriegste im Gartencenter aber viel größere. Die sind billiger und blühen immerzu!« Dass solche ignoranten Typen mit Gartenverbot nicht unter zehn Rosenzeiten bestraft gehören, versteht sich hier hoffentlich von selbst!

Schönheit allein aber hätte wohl selbst Tuscany die Jahrhunderte nicht so ungerührt überstehen lassen. Ihr zweites, unbezahlbares Plus: Sie ist ebenso robust wie prächtig, ein dunkelblättriger, geradezu unverschämt vitaler Strauch, den die üblichen Rosenkrankheiten höchstens mäßig interessieren und der resolut seinen Platz behauptet, unauffällig, struppig und störrisch, bis er im Juni zu diesem Samtwunder erblüht. Über Generationen von Mode-Rosen, die kamen und vergingen, hat Tuscany daher nur wissend das dunkle Haupt geneigt: Euch überlebe ich sowieso. Das tat sie auch, notfalls im Exil: auf alten Friedhöfen, mit Ausläufern in Mauerritzen, in brennnesselüberwucherten aufgegebenen Gärten – Gallicas halten fest, wo immer sie Fuß gefasst haben. Wie sie das schaffen, führte mir meine eigene, noch recht kleine Tuscany eindrucksvoll vor, als ich sie umsetzen wollte.

In der schweißtreibenden Stunde, in der ich versuchte, ihrer Verankerung in die Tiefe zu folgen, wurde mir klar, was »Rosenstock« wirklich bedeutet, und auch das Wort »Tiefwurzler« braucht mir seitdem niemand mehr zu erklären. Die Stränge, die von diesem Stock senkrecht in die lehmige Unterwelt strebten, setzten meinen amateuerhaften Lockerungsversuchen eine Zugfestigkeit entgegen, die vermutlich ausgereicht hätte, ein Containerschiff sicher am Platz zu halten. Die vielen winzigen Stacheln an den überhängenden Ästen, die ich bisher, verglichen mit der Angelhaken-Ausstattung der militanteren Verwandtschaft, eher niedlich gefunden hatte, zerkratzten mir jetzt gnadenlos den Nacken. Demoralisiert durch dieses unmissverständliche botanische »Du kannst mich mal!« machte ich schließlich den entscheidenden Fehler: Ich verlor die souveräne Gelassenheit, die Gartenarbeit doch angeblich bescheren soll, und riss hart, wütend und ruckartig an der verdammten Rose. Natürlich war es dann mein Rücken, der zuerst nachgab, und die Gartenlust endete kurzfristig in der Arztpraxis. Als ich, halbwegs wieder eingerenkt, Tuscany schließlich doch noch zum Ortswechsel genötigt hatte, konnte ich mich einer gewissen grimmigen Genugtuung nicht erwehren: Sie sah ähnlich derangiert aus wie ich, hat die Aktion aber insgesamt deutlich besser überstanden.

Weshalb sie überhaupt umziehen musste? Sie ist auf der Flucht. Der wachsende Schatten der himmelhohen Nachbars-Nadelbäume direkt an der Grenze frisst meinen winzigen Garten unaufhaltsam weg, Jahr für Jahr, Meter für Meter. Fast alle Strauchrosen haben inzwischen kapituliert, und schlimmer noch – ich mag es kaum hinschreiben – sogar meine heiß geliebte »Gloire de Dijon« wird wohl bald ihre letzten Blüten treiben. Wenigstens der kleinen Tuscany hoffe ich mit einem helleren Platz noch eine Gnadenfrist verschaffen zu können, bevor uns das düstere Verhängnis uns auch da einholt. Dennoch wird es wohl allmählich Zeit, einer der Schönsten aller Schönen endlich eine Eloge zu schreiben, bevor es ein Epitaph sein muss…

Botanisches Blind Date:
»Blush Rambler«

Sobald der Juli kommt, müssen wir alle ganz, ganz tapfer sein: Die Rosenzeit nähert sich dem Ende. Mich trifft das immer besonders hart, weil ich fast nur noch Rambler habe, und fast alle Rambler sind einmalblühend. Selbst wenn sich einige von ihnen im Spätsommer gelegentlich noch eine Nachblüte abringen, so ist das zwar ein kostbares Geschenk, aber eben nicht mehr Rosenzeit. Rosenzeit bedeutet den großen Überschwang, die kurzen Nächte, die Süßkirschen, die Mauersegler am hohen azurblauen Himmel, kurzum: das berauschende Alles-ist-möglich eines Sommeranfangs, das nur den einen Nachteil hat: Es ist so schrecklich kurz. Um so dankbarer bin ich da, dass zumindest eine Rose hier gern bereit ist, diesen Saisonhöhepunkt in den Juli zu strecken: »Blush Rambler« öffnet die Blütenbüschel etwas später und blüht auch noch deutlich länger als die meisten Rambler. Sie tut, als hätte es keine Sonnenwende gegeben, als wäre das Sommerende nicht einmal eine theoretische Möglichkeit. Solange sie blüht, ist Rosenzeit.

Dabei ist meine »Blush Rambler« ursprünglich ein blühendes Missverständnis, war sie doch ein botanisches Blind Date. So etwas hat ein reizvolles Risiko: Man verliebt sich in eine Vorstellung, und die Wirklichkeit sieht dann oft ganz anders aus, mal ernüchternder, mal bezaubernder als geplant. »Blush Rambler«, eine 1903 in Großbritannien gezogene, bis zu acht Meter hoch kletternde Hybride zwischen »Crimson Rambler« und »The Garland« wurde in der Literatur einmütig als »zartrosa« beschrieben. Blütenfotos zeigten eine fragile Schönheit ähnlich einer Heckenrose, ein Hauch von Rosa um eine cremefarbene Mitte. Als ich dann noch las, dass »The Garland« eine besonders wohlriechende Moschusrosen-Kreuzung ist, war es um mich geschehen: Prompt sah ich mich von sanft getönten Blüten und betörendem Duft umgeben, und ebenso prompt bestellte ich eine »Blush Rambler«.

Als sich deren erste Blüten öffneten, waren sie allerdings alles andere als zartfarbig, sondern eher ein botanischer Kulturschock: Sie strahlten in einem tiefen Knallrosa, das mit dem Cremegelb des Nachbarn »Goldfinch« in keiner Weise harmonierte. Die beiden zusammen erinnerten an das intensiv gefärbte Erdbeer-Vanille-Softeis meiner Kindertage. Glücklicherweise ist »Blush Rambler« wenigstens keine dieser Rosen, die wie gefärbtes Plastik aussehen, sondern hat eher die selbstbewusste Fröhlichkeit einer dicken dörflichen Pfingstrose – aber es war absolut nicht das, was ich erwartet hatte. Die Hoffnung auf den Superduft erwies sich ebenfalls als Fehlanzeige: »Blush Rambler« hält es da statt mit der Moschusrose lieber mit dem Elternteil »Crimson Rambler« – und der ist fast geruchlos.

Dennoch brauchte meine Neuerwerbung nur eine einzige Saison, um mich komplett für sich einzunehmen: Das krasse Rosa, mit dem die Knospen sich öffnen, mildert sich schnell ab und verblasst tatsächlich bis dicht an Heckenrosentöne. Die Blütenfülle ist selbst an einem halbschattigen Standort fast unglaublich, und womit »Blush Rambler« mein Herz sofort gewann: Sie ist für eine ältere Rose erstaunlich regenfest. Während ihr Nachbar »Goldfinch« seiner Verstimmung über norddeutsche Nässesommer schnell deutlich sichtbaren Ausdruck verleiht, lässt »Blush Rambler« eine erstaunliche Menge Wasser an ihren Blüten ablaufen, bevor die anfangen, Wirkung zu zeigen.

Der bestechendste Vorteil dieser spät blühenden

Riesenrose aber liegt sozusagen in ihren inneren Werten: »Blush Rambler« ist der Insektenmagnet schlechthin. Ich weiß nicht, woran es liegt, aber alles, was fliegt, fliegt hier auf sie. Erst recht, seit in der letzten Rosensaison auch noch die genau passende Gesellschaft zu ihr kam: eine Engelwurz, eine der vielen, die ziemlich frei durch den Garten vagabundieren. Diese imposante Riesenpflanze sät sich so freigebig aus, dass ihre Kultur einfacher nicht sein könnte: Wo sie passt, darf sie stehen bleiben, und wo nicht, da eben nicht. Diesmal hatte sich eine die eher ungünstige Position direkt unter der Rambler-Schleppe ausgesucht, und eigentlich hatte ich sie versetzen wollen. Aber ich vergaß es glücklicherweise, und es reichte dann, den großen Stengel mit einem Stab ein bisschen nach außen zu lenken und einige Rosenranken festzubinden, damit sie bei starkem Wind die Dolde nicht zerkratzten. Als Engelwurz und »Blush Rambler« gemeinsam blühten, war das Ergebnis spektakulär: Es erinnerte stark an ein besonders attraktives Buffet, vor dem sich gierige Gäste fast auf den Füßen – in diesem Fall eher auf den Flügeln – stehen. Und nicht nur die Insekten waren rundum begeistert, auch für mich gab es noch eine Zugabe: Die großen Engelwurz-Stengel rund um die Rose färbten sich violett, perfekt Ton in Ton mit den verblassenden Blüten von

»Blush Rambler« und dem Blutweiderich am Teich. Auf dem grünen Licht-und-Schatten-Hintergrund war das eine derart bezaubernde Kombination, dass sie mir sogar das Ende der Rosenzeit versüßte. In die Platzwahl meiner Engelwurz werde ich mich jedenfalls in Zukunft noch weniger einmischen als bisher, hat sie mir doch eindrucksvoll gezeigt, wie sehr es sich lohnen kann, manche Pflanzen nicht allzu akkurat zu verplanen, sondern sich auf ein bisschen diskrete Regie zu beschränken. Manchmal muss man sie einfach lassen!

Die Kunst des Wartens: Stockrosen

Wie habe ich es nur je ohne Stockrosen ausgehalten? Natürlich müssen es die ungefüllten sein, die mit ihren eleganten Blütenschalen und der goldenen Mitte tatsächlich ein wenig an Heckenrosen erinnern. Auch sie haben diesen Adel der reinen Form, den die Gefüllten verloren haben, deren bauschige Pompons oft rüschenüberladenen, seltsam leblosen Papierblumen ähneln. Zudem wirken sie steril, und erst offene Stockrosen-Staubgefäße bringen sozusagen Action in den Sommergarten: die amüsanten, mühsamen Starts der dicken gelb bestaubten Hummeln, die sich so beladen haben, dass unter der Pollenlast kaum noch abheben können. Nicht nur für sie, auch für Gärtner bieten die großen, prächtigen Malven bestechende Vorzüge: Stockrosen haben zum einen einen auffallenden Sinn für Timing. Sie erscheinen, wenn Garten-Trost dringend gebraucht wird, dann nämlich, wenn die Rosen gehen und die Sonne wieder sinkt.

Zum anderen lassen sie sich vergnüglich leicht aus Samen nachziehen.

Folglich gehörte zu meinen ersten gärtnerischen Erfolgserlebnissen eine selbst gezogene Stockrose. Schon sie bewies dieses bestechende Gespür für den optimalen Auftritt, das *Alcea rosea* so auszeichnet. Dramatischer hätte er kaum sein können: Ein hochsommerliches Nordmeer-Sturmtief hatte den Garten derart zugerichtet, dass ich mich beim Aufräumen im eisigen Nieselwetter frustriert fragte, weshalb ich mir sowas Idiotisches überhaupt antat, statt mich um diese Jahreszeit am Strand zu aalen. Die Antwort leuchtete dann nagelneu aus einer geschützten Ecke: meine erste Stockrosenblüte, ein alle Tristesse überstrahlendes, klares Zitronengelb, die hellere Mitte wie frisch gepudert, auf den Blütenblättern funkelnde Wasserperlen.

Die Nachkommen dieses Prachtstücks platzierte ich dann erwartungsfroh direkt vors Küchenfenster, damit das Licht perfekt durch die Blüten scheinen konnte, sie also von drinnen ebenso umwerfend aussehen würden wie von draußen. Natürlich kam wieder mal alles anders: Mit der ersten Blüte wurde klar, dass sich meine schicke Zitronengelbe via Hummel mit den blassrosa Artgenossen aus dem Nachbargarten amüsiert haben musste. Das Ergebnis war wenig überzeugend: ein fahles, kränkliches Graubraungelb mit einem rosa Anhauch, der ihm ausgesprochen schlecht stand. Zum Ausreißen war ich aber zu sentimental, zumal sich laut meinen Gartenbüchern das Problem ohnehin von selbst erledigen würde, da Stockrosen nur zweijährig sein sollen. Weit gefehlt: Die Schmuddelfarbenen waren ausdauernd, im Gegensatz zu meinen schönen Neuerwerbungen: Die Schwarzen verschwanden noch vor der Blüte, die erwachsen gekaufte Dunkelviolette lebte tatsächlich nur einen Sommer.

Ihre Abkömmlinge hatten immerhin deutlich attraktivere Farben, nur die Tiefrote, die ich doch so gerne gehabt hätte, war nie darunter. Dann bekam ich Saatgut von Stockrosen geschenkt, die ursprünglich aus dem Garten des Malers Emil Nolde stammten. Ihre dunkelrote Mutterpflanze auf dem Foto war so hinreißend, dass ich mich im Herbst endlich zu drastischer Aktion durchrang: Ich rodete die Fehlfarbe vor dem Küchenfenster, und der Vorzugsplatz ging an den kräftigsten Nachwuchs.

Selten habe ich mit solcher Spannung auf eine Blüte gewartet wie auf die der ersten drei Nolde-Nachfahren. Wieder schienen sie sich dramatisch wirksam abgestimmt zu haben: Die erste war dunkelrosa. Die zweite ebenso, aber mit roter Mitte. Fehlte noch die vor dem Küchenfenster, über und über mit grünen Knospen bedeckt. Und grün schienen sie ewig bleiben zu wollen, so oft ich sie auch ungeduldig anstarrte. Nie zuvor war mir aufgegangen, wie sehr dieses Warten dem Auswickeln eines heiß ersehnten Geschenks gleicht: Die angespannte Erwartung war dieselbe, das Vergnügen beim Abwarten-Müssen auch: Solange ich noch raten konnte, solange sie noch geschlossen war, hatte sie die schönste Farbe der Welt.

Dann, endlich, ragte eine millimeterfeine gedrehte Spitze aus der grünen Hülle – und die war tatsächlich dunkel! Vor Aufregung vergaß ich sogar, mich wegen des Rosenabschieds in selbstmitleidigem Gärtner-Gram zu suhlen – was bei mir schon einiges heißen will. Und dann, natürlich perfekt passend zum sonnigen Julimorgen, prangte vor dem Küchenfenster eine große, seidige rote Blüte. Dasselbe von innen kommende Leuchten, das Mohn so unwiderstehlich flammen lässt, und von hinten war sie ebenso prächtig wie von vorne: Aus dem fünfzackigen grünen Knospen-Stern mit der violetten Umrandung zogen sich zarte helle Adern wie Strahlen durch eine intensive, glänzende Hibiskus-Farbe.

Diese Stockrose war zwar fast so spektakulär wie Mohn, aber erfreulich viel langlebiger: Jeden Morgen bis dicht an den ersten Frost begrüßte mich ihr leuchtendes Rot schon im Haus. Den Winter hat die Pflanze bestens überstanden, und diesen Sommer darf ich sogar wieder mitzittern: Zwei Nachzügler unter meinen Nolde-Nachkommen müssten jetzt zum ersten Mal blühen. Ich freue mich schon auf die Vorfreude – und wie ich es je ohne sie aushalten konnte, weiß ich tatsächlich nicht!

Das perfekte Rascheln

Ich geb's gerne zu: Mein Garten ist zum Spielen da. Oder, um es etwas erwachsener auszudrücken: Ich liebe ihn, weil ich mir hier ein paar Träume direkt vor der Haustür verwirklichen darf. Natürlich ist der Weg dabei das Ziel, macht schon der Versuch das größte Vergnügen, denn meist kommt es verblüffend anders als geplant. Ebenso verblüffend finde ich es, wie oft es weit entfernte Kindheitserinnerungen sind, die so viel später als Gartenbilder wiederkommen möchten.

Diese hier zum Beispiel: In den Sommerferien war ich zum ersten Mal alt genug, um allein zwischen den Häusern meiner Großeltern hin- und herlaufen zu dürfen. Eine Freiheit, die ich umso mehr genoss, als der Weg an einem grabenumsäumten Wiesenstückchen vorbeiführte, auf dem an schönen Tagen ein Pferd zum Grasen angepflockt war. Ein Bild, das ich endlos hätte bewundern können: der dicke Fuchs mit den Sonnenkringeln auf dem blanken Fell und der beim Rupfen leise klirrenden Kette, dazu der schwere Duft nach Rotklee und frischem Gras. Im Hintergrund spielten Licht und Schatten auf den Schilfhalmen im Graben, die sich in jedem Windhauch elegant bogen und dabei leise raschelten. Schilfrauschen wurde für mich ebenso zum Inbegriff eines perfekten Sommertages wie Ferien, Rosenduft oder ein Blick auf rubinrote Johannisbeeren.

Einen Teil dieses Zaubers in den Garten zu holen, war später nicht schwierig: Johannisbeeren sind anspruchslos, und ohne Rosen geht hier sowieso nichts. Nur bis zum stilechten Rauschen im Hintergrund dauerte es lange, aber irgendwann hatte ich ihn dann doch, den Miniteich. Natürlich setzte ich umgehend Schilf an den Rand, und ebenso natürlich dachte das überhaupt nicht daran, sich mit dem zugewiesenen Kulissen-Platz zu begnügen, sondern zeigte, wozu robuste Pionierpflanzen in der Lage sind: Mit Ausläufern, deren Wachstum ich regelrecht zusehen konnte, ließ es die kleine Wasserfläche blitzschnell verschwinden. Daraufhin in Gefäße eingesperrt, verlieh das Schilf seinem Unwillen unmissverständlich Ausdruck: Statt bei Wind romantisch zu rascheln, kippten die langen Halme einfach um und lagen platt auf dem Wasser.

Riskante Turnübungen am glitschigen Uferrand,

um die erhoffte Idylle mit Schere und diskretem Draht halbwegs zu bändigen und in der Senkrechten zu halten, sind eine ausgesprochen unromantische, dafür aber umso entnervendere Beschäftigung. Terrier Erbse wenigstens war von dieser neuen Spielidee hingerissen, umtanzte meine verrenkte Figur mit aufforderndem Gekläff und sprang mir im instabilsten Moment gern mit Anlauf und Karacho ins Kreuz. Irgendwann, als ich bäuchlings auf den Findlingen lag, während ich im eiskalten Wasser hektisch nach der teuren Rosenschere tastete, die mir beim Ausläufer-Schneiden aus den klammen Fingern gerutscht war, ertappte ich mich bei glühendem Neid auf die Besitzer größerer Latifundien: Ein Mal, nur *ein Mal* dem Grünzeug einfach seinen Lauf lassen dürfen, ohne sofort buchstäblich an die Grenzen des Wachstums zu stoßen...

Immerhin erwies sich mein Schilf als perfekter norddeutscher Gartengast: Am schönsten ist es bei Regen. Jeder einzelne Tropfen perlt glitzernd von seinen Blättern ab, und die bronzefarben glänzenden Frösche sitzen gern auf dem dichten Wurzelgeflecht. Libellen klettern zum Verpuppen an den Stengeln empor, Zaunkönig und Rotkehlchen schlüpfen auf der Insektenjagd behände durch den Minidschungel.

Doch nicht alle Vögel wurden mit dem üppigen Zuwachs so uneingeschränkt glücklich. Als ich die langen Halme im Frühjahr zurückschnitt, hielt ich sie für ein wunderbares Nistmaterial für die Größeren, entsorgte sie also nicht via Kompost, sondern legte sie in voller Länge zum Abholen bereit. Das Resultat hätte jedem Comic Ehre gemacht: Die Elstern, die mit Ästchen souverän umgehen können, mussten sehr schnell feststellen, dass dieses ungewohnte Material ausgeprägte Tücken hatte. Bei ihren Startversuchen mit den sperrigen langen Halmen erinnerten sie an verunglückte schwarz-weiße Kometen mit einem viel zu langen, sperrigen Schweif, und meist mussten sie nach viel Geflatter umkehren, weil ihnen die Traglast aus dem Schnabel rutschte. Bekamen sie einen Halm in luftige Höhe, scheiterten sie an der Aufgabe, die festen und spröden Stängel nestgerecht zu biegen. Die Kleinvögel waren technisch deutlich begabter: Sie zupften einfach die Wolle aus den weichen Schilfsamenständen und verschwanden mit puscheligen hellgrauen Bärten nestwärts. Nach viel Versuch und Irrtum folgten die Elstern schließlich ihrem Beispiel: Sie zerrten, auch das mit heftigem Körpereinsatz, die Blätter ab und ließen die steifen Halme einfach liegen.

Die kollektiven Bemühungen der Vogelwelt waren jedenfalls absolut sehenswert, und so komme ich mit dem Schilf tatsächlich rund ums Jahr auf meine Spaß-

Kosten. Es hat sich also gelohnt, und vielleicht wird es bald Zeit, die nächste schöne Erinnerung als Gartenbild wiederzusehen? Mir fällt da bestimmt noch einiges ein – auch wenn ich hier leider kein Pferd unter dem Kirschbaum anpflocken kann…

Patente Pastinaken

Angekommen sind sie hier, das ist unübersehbar: An allen möglichen und unmöglichen Stellen stehen jetzt reifende dunkelgrüne Dolden jeder Größe, von zierlich kniehoch bis hin zu kräftigen, verzweigten anderthalb Metern. Damit gehören nun auch die Pastinaken zu den Pflanzen, die ich besonders gern im Garten habe: Sie finden sich sozusagen alleine überall auf dem Grundstück zurecht, brauchen kaum Unterstützung und erscheinen alljährlich reichlich und von selbst.

Seit ich vor Jahren zwei dicke, in der hintersten Kühlschrankecke vergessene Wurzeln von *Pastinaca sativa* aus Neugier einfach neben statt auf dem Komposthaufen vergrub, habe ich die praktischen Doldenblütler wirklich rundum schätzen gelernt. Was natürlich nichts Neues ist, im Gegenteil: Die Pastinake, früher auch »Germanenwurzel« genannt, gehört zu unseren ältesten Kulturpflanzen überhaupt. Schon anno

812 nach Christus, in der Landgüterverordnung Karls des Großen, wird ihr Anbau empfohlen, und über ein Jahrtausend hinweg war sie eine der bewährtesten Feldfrüchte, rettete vor unzähligen Hungersnöten und geriet erst zunehmend in Vergessenheit, als im in Deutschland 18. Jahrhundert der Kartoffelanbau aufkam. Inzwischen feiert sie als delikates, gesundes Gemüse ein kleines Comeback.

Ich mag sie lieber als quasi selbstversorgende und bestens zu verschiedenen Gartenbildern passende Zierpflanze. Was der Pastinake im Beet an Glamour fehlt, macht sie allemal durch Robustheit wieder wett. Trotz ihrer Größe ist sie aber nie Hauptdarstellerin und keine, die sich optisch in den Vordergrund drängt. Ihre Stärke liegt darin, die Bunten, Auffallenden mit Höhe, fast grafisch schöner Dolde und grüner Ruhe zu ergänzen. Ihre Frühsommer-Blüte zieht Insekten magnetisch an und passt so perfekt zu gefüllten Rosen, besonders zu gelben und weißen. Verblüffend schön ist auch eine andere Kombination von Adel und Gemüse: Pastinaken und Königslilien, bei denen das Gelbgrün der Pastinakenblüten wunderbar mit dem Zitronengelb in den Lilien-Trompeten harmoniert.

Die einzige Pflege die hier fällig ist, besteht darin, die großen grünen Pastinaken-Blätter zu entfernen, mit denen sie zarte Nachbarn zu sehr in den Schatten stellen und die schönsten, höchsten Dolden an kräftigen Stäben festzubinden. An denen klettert dann nämlich im Spätsommer gleich die Kapuzinerkresse, die die vergehende Pastinake schließlich überwächst, bevor die Samenstände unansehnlich werden. Die Vermehrung ist ebenfalls denkbar einfach: Was die Vögel von den Dolden übrig gelassen haben, schlage ich im Spätherbst einmal rund ums Grundstück aus. Den Rest erledigt die Pastinake zuverlässig selber: Im Frühjahr ist immer reichlich Nachwuchs da. Der bleibt allerdings relativ zierlich, sodass ich, wenn ich irgendwo eine eindrucksvoll stattliche Dolde haben möchte, im Herbst auch noch Wurzeln vom Wochenmarkt setze. Frost, auch starker, scheint denen egal zu sein, und wenn die Mäuse sie nicht finden, treiben sie zuverlässig aus.

Den Pazifismus der Pastinaken nahm ich so lange als gegeben hin, bis Terrier Erbse einzog. Dann lernte ich ihn wirklich zu schätzen. Die junge Wilde mit dem Raketen-Temperament ist nämlich ein derartiger Schrecken der Prärie, dass ich mir einbilde, dass sich das Grünzeug kollektiv duckt, sobald sie um die Ecke gefetzt kommt. Nicht nur, dass sie in ihrem Ungestüm die Kurven grundsätzlich so eng nimmt, dass die Randbepflanzung regelrecht aus den Beeten fliegt –

sobald sich Erbse richtig aufgewärmt hat, bringt sie gern mit ein paar blitzschnellen Bissen das nächste Gewächs zur Strecke, fetzt mit dieser Trophäe noch ein paar stolze Turbo-Runden und zerlegt sie anschließend zu kompostfertigen Chips. Mit vollen Backen futternd und anschließend herzhaft rülpsend, erinnert sie auf ebenso entzückende wie entnervende Weise an eine kaugummikauende Schwerstpubertierende. Normalerweise trifft das schreddernde Terriergebiss nur die Himbeerruten, die hier überall verlockend herumstehen, alles abseits vom Weg hat sie bisher verschont.

Daher brachte ich es einfach nicht übers Herz, den wunderschönen, aber eben auch giftigen Rittersporn mitten im Beet zu roden und lebte stattdessen lieber in Dauerwachsamkeit und der latenten Angst, er könnte Erbses fatalem Hang zur Botanik doch noch zum Opfer fallen – und Erbse schlimmstenfalls ihm. Als die schönen Stauden im Eiswinter starben, war ich daher nicht so traurig, wie ich es sonst gewesen wäre, sondern füllte die Lücken erst mal mit kräftigen Pastinaken auf. Die sind zwar weit weniger nobel als mein herrlicher Rittersporn, aber für vierbeinige Minderjährige mit Neigung zum Vandalismus doch deutlich ungefährlicher, und wir können nun in Ruhe an Erbses Gartenmanieren arbeiten. Bis die Prachtstauden hier wieder sicher sind, muss *Pastinaca sativa* eben die Beet-Stellung halten, und wie gut sie das kann, hat sie ja längst bewiesen. Dass die Pastinake jedoch notfalls sogar über eine Terrier-Pubertät hinweghelfen kann, war mir dagegen neu – aber das ist ja das Schöne am Garten: Man lernt nie aus …

Kein Wunder für mein Wunder?

Diesmal war es knapp. Sehr knapp sogar: Der Fälltermin für den abgestorbenen Birnbaum stand schon und verschob sich nur, weil dem Profi morgens das Auto kaputtging. Die paar Tage Aufschub hat der Totgeglaubte genutzt, um an einer eigentlich unmöglichen Stelle doch wieder Knospen zu treiben. Worauf ich die Hinrichtung erleichtert absetzen konnte, denn dass der kleine Baum nicht nur moribund, sondern genaugenommen längst stehend tot ist, ist leider absolut nichts Neues. Dass er in seiner aussichtslosen Lage dennoch mit einer erstaunlichen, ebenso rührenden wie traurigen Zähigkeit um sein mickriges Leben kämpft, ebenfalls nicht. Das tut er seit Jahrzehnten.

Dabei muss es für ihn ursprünglich so gut ausgesehen haben: Irgendwann vor ungefähr fünfzig Jahren hat irgendjemand je einen Birnen- und einen Apfelbaum in die südöstliche und in die südwestliche Hofecke gepflanzt. Die, die diese sonnigen Idealstandorte in ein Überlebenstrainingscamp verwandelten, kamen erst später: der Käpt'n und die Fichten. Dem uralten Kapitän, dem dieses Grundstück lange gehörte, ging das undisziplinierte Gewucher landbewohnender Botanik eindeutig gegen den Seemannssinn für Ordnung. So klemmte er sich regelmäßig die Säge zwischen die Zähne, enterte segelschiffgerecht auf die Stämme auf und sägte seine Bäume einfach rabiat ab. Was mir von Apfel und Birne blieb, waren nur noch zwei jämmerliche gegabelte Stämmchen, die in etwa drei Metern Höhe einfach aufhörten.

Eigentlich hätte man sie damals schon wegräumen müssen, un-eigentlich aber hatte ich mir wenig so sehr gewünscht wie alte Obstbäume. Auf dem einst so perfekten Südseitenplatz hätte ich überdies nichts mehr nachpflanzen können, da die Nachbarn inzwischen gründlich für den Fluch dieses Grundstücks gesorgt hatten: für eine lange Reihe schnellwachsender Fichten und Douglasien entlang der Grenze, die den ganzen winzigen Hof gnadenlos von der Sonne abschneidet – und das von morgens bis spätnachmittags.

Also blieben die beiden Obstbaumreste stehen und trieben auch wieder aus. Aber während der Apfel mit dieser unwiderstehlichen »Ihr könnt mich alle mal!«-Robustheit, die seine Gattung auszeichnet, sozusagen die Ärmel aufkrempelte, den Umständen kräftig Trotz bot und sich bei aller Schäbigkeit eine gewisse struppige Grandezza bewahrte, blieb die empfindlichere Birne genaugenommen nur schäbig. Zwar trieb sie ein Büschel glatter Schosse, die sich zu einer Krone verzweigten, blühten und im September sogar kleine süße Birnen trugen, aber Stammzuwachs gab es kaum, und der Baum sah einfach unglücklich aus. Erst recht, als das Unheil vollends zuschlug, als ihn auch die letzten Fichten überwuchsen und sich mit überhängenden Ästen immer dichter herandrängten, bis sie den zarten Birnbaum regelrecht beiseiteschubsten. In seinem verzweifelten Bemühen, doch noch irgendwie ans Licht zu kommen, wurde er so absurd schief, dass sich wieder ernsthaft die Frage stellte: Sollten wir diesem Elend nicht besser ein Ende machen?

Der Ausblick aus dem Küchenfenster auf die unverdeckte nadlige Horror-Botanik wäre aber derart erschreckend gewesen, dass ich das Birnbäumchen stattdessen erst mal professionell und kräftig düngen ließ. Mit unerwartetem Erfolg: Nicht die Birne, aber der in einem Anfall von optimistischem Wahnsinn dazugesetzte Rambler, der bis dahin im Tiefschatten buchstäblich vegetiert hatte, explodierte geradezu. Er wand sich bald hoch durch die Krone, warf ein lockeres grünes Cape über den traurigen Baum und ließ im Juni seine zarten rosafarbenen Sternchen wie einen Wasserfall durch die Äste rieseln.

Als die Rose immer schwerer wurde, bekam sie eine Pergola, um den Baum von ihrem Gewicht zu entlasten, für die Birne gab es einen professionellen Kronenschnitt und regelmäßig Dünger. Aber das Einzige, was wirklich geholfen hätte, nämlich normale Lichtverhältnisse und weniger aggressive Nachbarschaft, konnten ich ihr eben nicht verschaffen. Nüchtern betrachtet war sie trotzdem immer noch nützlich: Sie ließ die filigranen Rambler-Triebe geradezu schweben, verdeckte wenigstens von Mai bis Oktober teilweise die scheußlichen Fichten, die Vögel liebten sie, und ich natürlich auch. Schließlich: Wer schafft es schon, seine langjährigen Garten-Mitbewohner nüchtern zu betrachten...?

Trotzdem schien mein armes Bäumchen schließlich zu kapitulieren. Die obersten Äste begannen zu bröckeln, und nach dem letzten harten Winter sah die Birne mausetot aus. Bis sie ihre allerletzte, unvorhergesehene Gnadenfrist dann dazu nutzte, plötzlich doch wieder Knospen zu treiben. Sie gibt sich also immer noch nicht geschlagen und hat für den September sogar die kleinen Früchte angesetzt, die außer mir auch die Meisen und die Mönchsgrasmücken so lieben. Es ist zwar trotzdem Wahnsinn, sie stehen zu lassen, weil sie einfach keine Chance hat, aber vielleicht geschieht ja doch noch ein Wunder und die Birne bekommt wieder Luft und Licht? Obwohl wir, genaugenommen, auch das schon seit vielen Jahren in Anspruch nehmen: Wunder genug, dass dieser Baum überhaupt noch lebt!

Häufig, aber einzigartig:
»Étoile Violette«

Zugegeben, sie ist häufig. Garten-Spezialisten nennen sie sogar »gewöhnlich« und verdrehen gern mal vielsagend die Augen: »Nicht schon wieder Étoile Violette...« Na, wenn schon – ich liebe sie sehr, allein deshalb, weil diese tiefblaue Clematis ihren Namen mit doppeltem Recht trägt: Einmal sieht sie in voller Blüte wirklich aus wie ein Stück samtigen hochsommerlichen Nachthimmels, zum anderen ist sie es, die mir nach einigen Umwegen zu meinem persönlichen Clematis-Himmel verholfen hat.

Dabei waren die Vorgaben ehrgeizig: Nie werde ich diesen Nachmittag vergessen, an dem mich ein alter hanseatischer Grandseigneur zur Gartenbesichtigung einlud. Nachdem wir die Rhododendren gebührend bewundert hatten, bogen wir auf knirschendem Kies um die Hausecke – und da war sie: eine ungeheure Schlingpflanze, die unten schmal, aber wüchsig wie eine wilde Liane aus einem Beet aufstieg, sich im ersten Stock weit auffächerte und einen großen Balkon einrahmte, bevor sie an einer Hausecke weiterkletterte, um auch gleich noch einen Blütenregen vom Dach zu schicken. Sie trug Stern an Stern, changierend zwischen Rosa und Purpurrot, und war so üppig und so prächtig, dass es mehr nach tropischem Regenwald als nach regnerischem Hamburg aussah. *Das* sollte eine Clematis sein?! Die kannte ich bisher nur als mickrige Vier-Blüten-Ranke, die kläglich vor sich hinkränkelte, bevor sie sich zügig per Totalkollaps aus dieser ungastlichen Welt verabschiedete.

Ein gärtnergemachtes Problem, meinte der Besitzer des Elbchaussee-Prachtstücks, und nachdem er sich an meiner Verblüffung erfreut hatte, verriet er mir schmunzelnd das Geheimnis seines Erfolges: Clematis, so seine Erfahrung, benötigten außer einer guten Düngung vor allem eines: Wasser, Wasser und nochmal Wasser – unablässig, aber nie zuviel auf einmal. So hatte er rund um den Fuß der Riesin einen durchlöcherten Gartenschlauch in die Erde eingelassen, aus dem sie während der gesamten Vegetationsperiode tropfenweise, aber ständig versorgt wurde. Das, so meinte er, sei entscheidend: Die Wurzel der sensiblen Ranke dürfe nie auch nur kurz trockenfallen. Clematiswelke, den gefürchteten pilzbedingten

Kollaps, hielt er für die Ausrede aller Gärtner, die schlicht zu faul seien, ausreichend zu gießen. Wieweit er da recht hatte, kann ich nicht beurteilen, aber eines weiß ich, viele Jahre später, genau: Ich habe nie wieder eine derart überwältigende Clematis gesehen!

So sollte es, als ich endlich selbst eine Hauswand samt Spalier zum Bewachsen bieten konnte, unbedingt auch eine Clematis sein, allerdings eine blaue. Meine persönliche Favoritin fand ich – wenn schon, denn schon! – auf Hochglanz-Fotos aus dem legendären Garten von Sissinghurst. Eine ganze Mauer prangte da mit aparten vergißmeinnichtblauen Blüten, die meinem weiß verputzten Häuschen sicher auch großartig stehen würden. »Perle d'Azur«, die Clematis vom Foto, zog also auch bei mir ein. Ich setzte eine rechts und eine links ans Spalier, damit sie es von beiden Seiten zuwachsen konnten, und betrachtete die Kleinen mit ungetrübtem Anfänger-Enthusiasmus: Sissinghurst, wir kommen!

Doch zunächst kam meine junge Airedalehündin. Sie identifizierte das tolle neue Spielzeug zielsicher – immerhin war ja ein Stöckchen dran! – grub es blitzschnell mit ihren Schaufelbaggerpfoten aus und raste strahlend mit der Beute ums Haus. Ich rettete die Clematis knapp von dem Totgeschütteltwerden, aber sie sah schon bedrohlich zerfleddert aus. Auch die andere Azurperle entsprach nicht ganz meinen Erwartungen: Statt flächendeckenden Gewuchers trieb sie nur einige schmale Ranken hoch nach oben, die am Spalierrand ziemlich verloren aussahen. Es war unübersehbar: Wir brauchten dringend Verstärkung! Im Gartencenter gab es nur eine Blaue, und das war – genau! – Étoile Violette.

Ein Glücksgriff: *Clematis viticella,* zu denen Étoile gehört, sind zwar kleinblütiger, aber dafür robust, wüchsig und kaum anfällig für Welke, kurz: Sie sind selbst dann noch für ein gärtnerisches Erfolgserlebnis gut, wenn die Bedingungen nicht optimal sind. Zusätzliches Plus: Sie haben viel von dem Wildpflanzen-Charme bewahrt, der einigen Verwandten mit tellergroßen Blüten abhanden gekommen ist. Deshalb ergeben sie wunderbare Begleiter für Kletterrosen: Sie ergänzen, ohne sie optisch zu unterdrücken. Längst prangt im Juli meine ganze Wand in Blautönen: in der Mitte die zuverlässige und unermüdliche Étoile, auch nach inzwischen fünfzehn Jahren bestens in Form. Ton in Ton blüht dazu eine andere robuste und sicher »gewöhnliche« Viticella, »Venosa Violacea«, in Violettweiß. Seitlich und von oben sind die Dunklen von den nickenden, fast durchsichtig zarten kühlblauen Sternchen der schmaler, dafür aber deutlich höher wachsenden Perle d'Azur eingerahmt und durchflochten, denn auch die beiden haben sich inzwischen bestens eingelebt. Selbstverständlich gieße ich immer fleißig – schon deshalb, weil ich so dankbar dafür bin, dass mit diesem bezaubernden Bild mal wieder alles anders kam als geplant: nämlich viel schöner.

Die Verwandlung: Libellen

Ob ich sie wirklich mag, weiß ich nicht so genau. Sicher, Libellen sind wunderschön, aber das hektische Rascheln ihrer Flügel, sobald sich eine ins Haus und an die Fensterscheibe verirrt hat, erinnert mich unweigerlich an Kafkas *Die Verwandlung*. In dieser Erzählung verwandelt sich die Hauptfigur bekanntlich in einen Käfer, dessen vertrocknete Leiche zum Schluss kurzerhand per Besen entsorgt wird – was mir ein tiefes Schullektüren-Trauma eingetragen und mein Verhältnis zu allen Insekten nachhaltig getrübt hat. Dagegen sind Libellen zwar wunderschön, aber der englische Name *Dragonfly*, »Drachenfliege«, trifft ihre pfeilschnelle Räuber-Grazie schon sehr genau: Sie schwirren irgendwo in den Grenzbereichen von Biologie und Mythologie – faszinierend und furchterregend zugleich.

Letzten Sommer allerdings blieb mir nichts weiter übrig, als die Libellen zu lieben: Sonst war niemand mehr da. Zwei Arktiswinter hatten alles Leben rund um den kleinen Teich getilgt. Wo vorher um die dreißig Frösche gequakt hatten, fand ich noch einen einsamen Ballen Laich. Wenigstens, so tröstete ich mich mühsam, würden diese Kaulquappen nun alle überleben. Die Goldfische waren ja tot, mein ökologisches Gewissen also blütenrein. Was leider nichts half: Die Kaulquappen verschwanden trotzdem mit alarmierender Geschwindigkeit. Ein längerer Blick ins Wasser enthüllte dann ein Raubtier-Drama: Die großen Libellenlarven, genauer gesagt, die der Blaugrünen Mosaikjungfer, *Aeshna cyanea,* hatten überlebt. Sie saßen überall auf den Steinen, schoben sich mit einer unheimlich zeitlupenartigen, konzentrierten Zielstrebigkeit, zwischendurch immer wieder innehaltend und optisch mit dem Untergrund verschmelzend, in die Nähe der Kaulquappen und schossen eine nach der anderen blitzschnell mit ihren Fangmasken ab.

Wovon sollten so viele Räuber in einem so winzigen Gewässer leben, sobald die letzte Kaulquappe gefressen war? Angesichts der generell eher rustikalen Überlebenstechniken in der Natur wäre mein heißer Tipp da Kannibalismus gewesen. Doch nachdem mit der letzten Kaulquappe die Frösche in meinem Revier ausgerottet waren, wurden die Larven trotzdem nicht weniger, dafür aber schnell größer. Des Rätsels Lösung verriet die Fachliteratur: *Aeshna*-Larven sehen derart vorzüglich, dass sie sogar minimale Bewegungen wahrnehmen und deshalb Schnecken erbeuten können. Die gab es ebenfalls in Massen. Noch verblüffender: Anders als Gelbrandkäferlarven »erkennen« Libellen einander und fressen Artgenossen nicht.

Als der Hochsommer kam, wartete ich immer ungeduldiger darauf, endlich die ersten Libellen schlüpfen zu sehen, aber das Wetter war so mies, dass sich lange gar nichts tat. Erst spät im August saß eines Morgens die erste braune Larve still an einem Schilfstengel knapp über der Wasseroberfläche. Nun endlich würde ich die Verwandlung vom tarnbraunen Killer-Torpedo zur betörend schönen Jugendstil-Libelle live miterleben! Das Wunder ließ allerdings auf sich warten, dafür wunderte ich mich sehr – aber nur so lange, bis die Sonne nachmittags schräg auf die Larve schien. Da sah ich, dass der Rücken aufgerissen und die Chitinhaut dünn wie Papier war. Die Libelle, auf die ich so gewartet hatte, war eindeutig ein Frühaufsteher gewesen: Sie war längst geschlüpft und weg.

In den nächsten Tagen durfte ich aber doch so zauberhaften Verwandlungen zusehen, dass sie mich nahezu mit der Insektenwelt aussöhnten. Als überall im Schilf die frisch ausgekrochenen Libellen saßen, erlebte ich sozusagen »umgekehrten Kafka«: den jähen Wechsel vom morbid Gruseligen ins betörend Schöne. Zunächst trugen die nagelneuen Libellen einen gelblich-blassen, wächsernen Elfenbeinton und kleine, zarte durchsichtige Flügel. Binnen Stunden bekamen die langen Körper glänzende Farbe, die blaugrün-schwarzen Tigerstreifen leuchteten wie frisch lackiert, die Köpfe mit den durchsichtigen gelbgrünen Augen bewegten sich. Durch die immer weiter ausgespannten silbrig glitzernden Flügel zog sich ein festes dunkles Netz, sie begannen sachte zu vibrieren – und dann hob die Libelle plötzlich ab und ließ ihre gespenstische leere Larvenhülle einfach hinter sich.

Doch leider war das Wetter einfach zu schlecht. Zwar nutzten die Libellen jeden sonnigen Moment, doch bis sie flugfertig waren, goss es meist schon wieder in Strömen. Dann fand ich sie oft ertrunken auf der Wasseroberfläche, die eleganten Körper leichenblass, die schimmernden Flügel hilflos ausgebreitet. Die lange Larvenzeit, die verblüffende Metamorphose – alles nur für ein jämmerliches Sinnbild eines missratenen Sommers, deprimierend wie sonst höchstens braungeregnete, schneckenzerfressene Königslilien: für den sinnlosen Tod absoluter Schönheit.

Immerhin gibt es im Garten ja stets einen Trost: die Hoffnung auf die nächste Saison. Einige haben es eben doch geschafft, und vielleicht kommen sie zur

Eiablage zurück? Es hätte doch was, wenn *Aeshna cyanea* diesen Sommer endlich auch bei mir sein könnte, was sie offiziell ohnehin schon geworden ist: die Libelle des Jahres.

Der schiefe Turm: Kompostkiste

Jetzt, wo der Abschied von der grünen Saison unwiderruflich bevorsteht, bin ich besonders froh um eine wesentliche Gärtnertugend: um die gepflegte Dosis Verrücktheit. Womit sonst wäre es zu erklären, dass ich das Ergebnis der letzten Gartenarbeit, den gut gemischten, hoch aufgetürmten und dick mit Laub abgedeckten Komposthaufen mit denselben Gefühlen von Stolz, Freude und archaischer Genugtuung betrachten kann wie ein selbst gekochtes Fünf-Sterne-Menü? Um anschließend so behaglich, als hätte ich mir gerade eine schöne Daunendecke über die Ohren gezogen, das Revier zu verlassen: Jetzt haben es alle gemütlich – jetzt kann die Kälte kommen!

Eine Macke, mit der ich wenigstens nicht alleine bin: Viele Gartenfreunde teilen meine heimliche Zuneigung zur ebenso diskreten wie nutzbringenden Rotte, und in Druckwerken der esoterisch angehauchten Sorte gilt der Komposthaufen sogar als »das

Herz des Gartens«. Eine wunderschön schräge Metapher, aber die Verwandlung von allem, was draußen so übrig bleibt, in lebendige Erde, ist tatsächlich faszinierend: ein bisschen Zauberei-Spaß direkt hinterm Haus. Im meinem Fall wird er noch dadurch gesteigert, dass meine Kompostkiste zwar eher unorthodox aussieht, dafür aber hervorragend funktioniert.

Sie ist, was man ihr ansieht, das Ergebnis von einem »dieser Tage«, an denen Pech und Pannen unabwendbar zu regieren scheinen. In unserem Fall war es ein stechend schwüler Hochsommernachmittag, an dem der Profi zum Basteln vorbeikam. Doch statt konzentriert zu hämmern und zu sägen, mussten wir uns ständig der Angriffe einer ungewöhnlich bösartigen Wespensippschaft erwehren, die das Territorium um ihre Nistkasten-Burg nicht nur großräumig, sondern auch mit einer Militanz verteidigte, die einem Kampfjet-Geschwader alle Ehre gemacht hätte. Es war entsprechend nervtötend, buchstäblich ständig auf dem Sprung zu sein, während wir zusammensetzten, was sich im Revier so angesammelt hatte: ein Zweimeter-Drahtzaunelement als Rückseite, Pfosten verschiedener Länge und Dicke und alle möglichen Bretter an den Seiten. Vielleicht nicht verwunderlich, dass das Ergebnis schließlich eher einem abstrakten Kunstwerk als einer soliden Kompostkiste ähnelte:

sehr hoch, sehr schmal und vorne leider auch ein bisschen sehr schräg, weil die Wespen das Einschlagen der dicken Pfosten ganz besonders übel nahmen und unsere Konzentration entsprechend litt. Unterteilt wurde das Ganze dann in gleich drei schmale Fächer, auf denen ich trotz eisiger professioneller Missbilligung hartnäckig bestand, egal, wie komisch das Gesamtkunstwerk damit aussah. Weil ich so dicht an der Terrasse keinen direkten Ausblick auf Verrottendes haben wollte, schob ich dann die dicken vorderen Holzbretter nicht mit Abstand, sondern dicht an dicht ein. Mit beträchtlicher Mühe übrigens, denn, wie gesagt: Das Ding ist schief.

Genau dieses Konstruktionsprinzip, ungewöhnliche Höhe, luftige Wände und fest geschlossene Front, ergab dann unversehens das Rotte-Tempo eines Schnellkomposters, aber ohne dessen Nachteile: keine Fäulnis, keine übermäßige Hitze, und natürlich sieht das Holz im Garten sehr viel besser aus als jedes Plastik. Es ist zwar nicht wirklich bandscheibenfreundlich, das ganze Material zum Schluss bis auf Brusthöhe hochzuhieven, um so größer ist dafür das Vergnügen, die fertige Erde einfach von oben auf die Schubkarre zu schubsen. Und vor allem: Ich bin nicht die Einzige, die an dem schiefen Turm Gefallen gefunden hat: Die Würmer drängeln sich in unglaublichen Massen, und auch die seltenen Nashornkäfer zogen ein. Was nicht nur wegen ihres Rote-Liste-Status besonders erfreulich ist, sondern auch, weil die unheimlich anzusehenden Riesenlarven zum Nützlichsten gehören, was man in Verrottendem antreffen kann: zu den wenigen Tieren, deren spezielle Darmflora es ihnen gestattet, sogar Holzabfälle zu Kompost zu verdauen.

Die tropischen Gartenhelfer stellen allerdings einige Ansprüche, wenn sie langfristig dableiben sollen, darunter den auf angenehme winterliche Zentralheizung. So werde ich auch diesen Spätherbst trotz schnell zunehmender Dunkelheit und fieser klammer Nässe noch einige animierte Stunden mit Abfallhäckseln, Laubeinsammeln und dem Anschleppen von Pferdemist verbringen dürfen. All das dann appetitlich gemischt auf den Kompost-Turm zu packen, ist derart anstrengend, dass dabei – nützlicher Nebeneffekt! – kein Raum mehr für das übliche gärtnerische Saisonende-Selbstmitleid übrig bleibt, sondern eher für die Vorfreude darauf, die Rosen mit dem Ergebnis aller Mühe verwöhnen zu dürfen. Irgendwann muss schließlich auch der kommende Winter enden! Ein letzter, zufriedener Blick auf das Werk meiner Hände, verbunden mit der verrückten Überlegung, wie schön es doch sein müsste, der norddeutschen Tiefebenen-

Tristesse gemütlich per Winterschlaf entfliehen zu dürfen, bis es endlich wieder grün wird. Und dann – dann ist mal wieder alles gelaufen. Aber wenn's denn überhaupt Winter werden muss, so war's doch wenigstens ein gelungener Saisonabschluss.

Ein Beet voll gespitzter Ohren: Lungenkraut

Not macht bekanntlich erfinderisch, Platznot im Garten ganz besonders: Auf meinem begrenzten Raum hätte ich wenigstens gerne jedes bisschen Boden jederzeit attraktiv bedeckt, doch leider sind die Pflanzen dafür buchstäblich rar gesät. Das meiste von dem, was als »strapazierfähige Bodendecker« gehandelt wird, hat eines gemeinsam: Ich will es nicht haben. Zu all den stämmigen dunkelgrünen Fußgängerzonen-Kleingewächsen mit den ledrigen Blättern fällt mir immer sofort diese Satiriker-Charakteristik ein: »trampelfest, müllschluckend, abgasfreudig«, und ihr steriles Waschbeton-Flair passt zu meinen halbwilden Heckenrosen wie die Faust aufs Auge. Das zartere Immergrün sieht schon netter aus, tendiert aber dazu, jeden grünen Mitbewohner unter Strauchhöhe irgendwann zu ersticken. Dasselbe gilt für Geranium: Gut für ansonsten hoffnungslose Plätze, aber unter besseren Bedingungen nur mühsam im Zaum zu halten.

Die Verträglichen und Zarten haben dafür einen

anderen Nachteil: Sie sind Saisonarbeiter. Der wunderschöne Waldmeister etwa ist eigentlich überall perfekt, zeigt aber spätestens im Hochsommer akute, vergilbte Lustlosigkeit, ebenso die niedlichen kleinen Walderdbeeren. So bin ich immer mehr dazu übergegangen, vielen Stauden, die ohnehin da sind, per rabiatem Sommer-Rückschnitt einen zweiten, dann eben bodendeckenden Austrieb abzunötigen. Akeleien sind da wunderbar kooperativ, und ihre frischen Blattschöpfe halten nicht nur bis zum Frost dekorativ durch, sondern bilden auch noch einen aparten, ruhigen Kontrapunkt zur gelb-violetten Herbstblüte und den roten Hagebutten.

Ein besonders schöner herbstlicher Bodendecker empfahl sich letztes Jahr sozusagen spontan: Der Juli war so glühend, dass der halbe Garten zu braunem Pulver zerbröselte, ab August folgte eisiger Regen. Die komplette Vegetation reagierte derart missmutig, dass ich erst im Herbst wieder genauer hinsehen mochte. Und da sah eine große Fläche unter den Heckenrosen aus wie ein Beet voller aufmerksam gespitzter dunkelgrüner Ohren: Das Lungenkraut war im kalten Dauerregen aus der verbrannten Öde auferstanden: saftig, üppig und strahlend. Die vielen grausilbernen Punkte und Sprenkel auf dem dunklen Grün irisierten im schnell wechselnden Herbstlicht wie ein getupfter

Forellenbauch, und es stand beinahe frühlingsfrisch, bis der erste Frost es flachlegte. Zu aller Freude an diesem unverhofft schönen Nachsaison-Grün kam fast ein schlechtes Gewissen: Warum hatte ich mich eigentlich nie besonders für eine so nette, hilfsbereite Pflanze interessiert? Sicher, ich hatte sie mitgebracht, eingepflanzt und möglichst gut versorgt, aber nach der Frühjahrsblüte hatte *Pulmonaria officinalis* bei mir das Schicksal geteilt, das so viele robuste, »dankbare« Pflanzen ereilt: Man nimmt sie für selbstverständlich und sieht über sie hinweg.

Was hier besonders schade war, denn das kleine Borretschgewächs ist ein Multitalent. Seinen Namen »Geflecktes Lungenkraut« verdankt es den Blättern, die es in ihrer Ähnlichkeit mit Lungenflügeln von altersher als Bronchialheilpflanze ausweisen sollten. Schon vor einem runden Jahrtausend empfahl Hildegard von Bingen gegen die »bösen, garstigen Säfte«, die »auf die Lunge schlagen« einen Tee von »Lungwurz« – und, verblüffenderweise: Das Aussehen täuscht hier nicht. *Pulmonaria officinalis* wirkt tatsächlich hustenreiz- und entzündungshemmend.

Doch das Lungenkraut hat noch andere verborgene Fähigkeiten: Seine Blüten ändern ihre Farbe vom leuchtenden Rosarot im Aufblühen bis hin zum tiefen, matten Blauviolett. Sie zeigen damit ihren pH-

Wert an: Rosa für sauer, Blau für basisch, doch darüber, weshalb sie das eigentlich tun, ist viel gerätselt worden: Will die kleine Pflanze damit Insekten, die Blau besonders weit sehen können, veranlassen, buchstäblich auf sie zu fliegen, um dann auch gleich die frischen rosa Blüten zu bestäuben? Weshalb aber blüht sie dann nicht gleich komplett blau? Oder ist der Farbwechsel eine Art Ampel, die geflügelten Gästen signalisiert, wo sich die Visite rentiert: Rosa für reichlich Pollen, Blau für bereits bestäubt? Warum aber dann das besonders lockende Blau ausgerechnet für die Blüten, deren Besuch sich am wenigsten lohnt? Und vor allem: Woher wissen die Insekten das – und wissen sie es überhaupt? Nach einem alten Botanikbuch sollen einige wilde Bienenarten tatsächlich gezielt ausschließlich die rötlichen Blüten anfliegen, während die Hummeln da keinen Unterschied machen. Ob das wohl stimmt – auch hier, wo das Lungenkraut im Kiefernwald rundum gar nicht vorkommt, es also überhaupt keine einschlägigen Insekten-Überlieferungen geben kann?

Fragen über Fragen. Und so hatte ich, während ich die kleine Staude im November dick mit goldenem Lindenlaub zudeckte, weil sie als Laubwaldbewohner unter einer schützenden Decke überwintern möchte und Kahlfrost hasst, gleich wieder Stoff für zusätzliche

Frühlings-Vorfreude: Wenn das Lungenkraut in ein paar Monaten blüht, sehe ich bestimmt sehr viel genauer hin!

Goldrausch

Es duftet so herrlich. Eine der wenigen uneingeschränkt guten Eigenschaften, die man dem November nachsagen kann, ist dieser Herbstgeruch am ganz frühen Morgen. Feuchtigkeit und Pilze sind darin, eine Laubnote erinnert an die Fruchtbarkeit des vergangenen Jahres, ein bisschen Holzfeuer-Aroma gibt sogar so etwas wie Vorfreude auf den Winter. Kommen da noch ein bisschen schwadenziehender Nebel zwischen Straßenlampen und Morgendämmerung und jede Menge goldenes Laub dazu, lässt sich der Abschied vom Gartenjahr durchaus aushalten. Vor allem, wenn – und das ist um diese Tageszeit meine Hauptsorge – die Ernte gut ist: Wieviel Laub ist heute Nacht gefallen? Was habe ich frei Haus auf die Einfahrt bekommen, was muss ich mir jetzt so schnell wie möglich von der noch leeren Straße holen? Goldrausch pur: Es gilt, das Lindenlaub so schnell wie möglich zusammenzuharken und in meinen Garten zu bergen, bevor es von Autos zu Brei gefahren, oder – noch schlimmer – per Laubsauger einfach entsorgt wird wie der Müll, der es eben nicht ist.

Gärtner spinnen alle, das ist bekannt. Und schön ist es dazu: Wir tun das nämlich gerne, weil es das Leben so ungemein bereichern kann. Eine meiner ganz speziellen Spinnereien ist es, dass ich die Saison einfach nicht zufrieden abzuschließen vermag, solange meine Beete nicht gemütlich abgedeckt sind. Unter einer nicht zu dicken Decke aus perfektem Herbstlaub, am Platz gehalten mit einer Schicht Kompost, überstehen Boden, Insekten und viele Pflanzen den Winter einfach besser – Waldmeister und Lungenkraut neigen sogar dazu, sich ohne diesen Service zügig zu verabschieden, während sie so im Frühjahr fit zur Stelle sind. Die Vögel freuen sich über viele überwinternde Kleinlebewesen, und die warme Genugtuung, alles so gut versorgt zu sehen, bevor die Kälte kommt, ist für mich einfach unbezahlbar. Was da die Gärtner-Spinnerei angeht: Beim Anblick besenrein geharkter Erde um diese Jahreszeit fange ich inzwischen regelrecht an zu frösteln.

Das Ritual ist also unentbehrlich, nur mit dem perfekten Laub ist das so eine Sache: Da kommt längst nicht alles infrage. Es soll so dünn sein, dass es zwar erst mal gut vor Kahlfrost schützt, dann aber so verrottet, dass im Frühjahr nur noch die Reste von den Beeten zu ziehen sind. Eiche und Buche, die hier leicht in Massen zu haben wären, sind da viel zu hart und auch zu sauer, um etwas anderes als Rhododendren zu mulchen. Das machen sie zwar wunderbar, als ich sie aber auf anderen Beeten benutzt habe, waren die Blätter im Frühjahr zusammengeklebt und noch intakt. Die zahlreichen Nacktschneckengelege darunter leider auch. Die zarten Ahornblätter dagegen verrotten wunderbar, zwei Sack davon als Spende aus dem väterlichen Garten anzunehmen, hatte leider dennoch erhebliche Tücken: Überall da, wo ich den Ahorn sorgsam verteilt hatte, keimten im Frühjahr fröhlich unzählige Bäumchen. Wer einen Sommer lang Ahorn-Pfahlwurzeln mühselig aus jeder Gartenecke gezupft hat, weiß, weshalb ich seitdem auch das verlockendste Fremdlaub nur noch zum Kompostabdecken benutze. Auf die Beete kommt Selbstgesammeltes: Die Blätter meiner großen Süßkirsche, deren dunkelgelbe Herbstfärbung tagelang den ganzen Hof in Goldschimmer taucht, brauche ich bloß rund um ihren Stamm zusammenzuharken, mit Kompost zu beschweren, und das Unterholz aus Himbeerruten mit den vielen Zwiebelpflanzen darunter ist verpackt. Nur leider: Den ganzen Garten können die alten Obstbäume nicht versorgen. Aber gegenüber an der Straße stehen fünf schöne Linden, und perfekter als ihre hellgoldenen, duftigen Blätter kann Abdeck-Laub nicht sein.

Ich liebe diese Bäume, am meisten für das, wofür sie einige Nachbarn hassen bis hin zu Mordversuchen: für »diese ganzen unordentlichen Blätter« im Herbst. Sobald die anfangen sich zu verfärben, hoffe ich auf bestes Erntewetter. Linden haben offenbar die Angewohnheit, den größten Teil ihrer Blätter auf einmal abzuwerfen, und bei Windstille kann man sie sogar rieseln hören, ganz sachte Blatt auf Blatt. Dann rieselt so viel in meine Einfahrt, dass ich nur noch in Ruhe einzusammeln brauche.

Ansonsten zücken eifrige Hausmeisterdienste schon frühmorgens meinen Intimfeind, den Hochleistungs-Laubsauger, um die ganze Pracht samt allen Kleinlebewesen röhrend in dessen gierigem Schlund auf Nimmerwiedersehen verschwinden zu lassen. Wer da zu spät kommt, dessen Beete bestraft das Leben, und so reche ich eben ganz frühmorgens die raschelnde, duftende Beute zusammen und freue mich danach auch an meiner eigenen Zufriedenheit: Mein Garten scheint noch ein paar Tage bis in die letzte Ecke intensiv aufzuleuchten, ein letzter Gruß des vergangenen Jahres, bevor sich das Laub am Boden braun verfärbt, das Licht geht, der Winter kommt. Ein prächtiges Bild ebenso wie ein guter Grund, noch einmal ordentlich draußen zu sein – kein Wunder, dass ich den kurzen allherbstlichen Goldrausch immer kaum erwarten kann!

Shit Happens

Wir alle wissen es: Es gibt Tage – und es gibt »*diese Tage*«. Letztere hat eine unergründliche höhere Bosheit hinterrücks in Feiertage zu Ehren von *Murphy's Law* verwandelt: Was schiefgehen kann, geht auch schief. Im Garten beginnen *diese Tage* gern mit der Entdeckung, dass die gesamte Saat über Nacht von irgendeiner sinistren Lebensform bodeneben abgefräst wurde, steigern sich damit, dass allen mühsam im Topf herangezogenen Jung-Sonnenblumen beim Aussetzen die Wurzelballen zerbröseln, und finden einen stilvollen Abschluss, wenn ein zu heftig eingerammter Bambusstab unverhofft bricht und sein menschliches Ziel nur ganz knapp verfehlt. An *diesen Tagen* kann wirklich von Glück sagen, wen nicht zwischendurch auch noch ein liegen gelassenes Gartengerät slapstickartig erwischt hat!

Kleiner Trost für derart geprüfte Gärtner: Auch die Tierwelt bleibt von Murphy nicht verschont. Den fetten

Waldmäuserich, der sein Revier im dicht bewachsenen Beet an der Hauswand hat, erwischte es an einem »dieser Tage« gleich doppelt. Oder vielmehr: Ich erwischte ihn, und zwar beim Gießen. Jäh und pitschnass sprang er mit einem dieser Kastenteufel-Sätze, mit denen seinesgleichen einen bis kurz vors Herzversagen erschrecken kann, aus den Akeleien und schoss davon. Dummerweise nur, um genau da Deckung zu suchen, wo ich später mit Schwung den nächsten Eimer Wasser auskippte. Diesmal raste das arme Vieh panisch die Hauswand hoch, hockte noch lange oben auf dem Spalier, putzte sich unentwegt das triefende Fell und war mit den Verlauf dieses Tages eindeutig nicht zufrieden.

Eine umgekehrte Heimsuchung, Wassermangel nämlich, stellte kurz darauf eine der Ringeltauben, die sich hier regelmäßig zum Trinken einfinden, vor ein Problem, das ihre intellektuellen Kapazitäten eindeutig überstieg. Wasser war zwar reichlich da, aber weil der Teich ein Leck hatte, lag der Spiegel plötzlich wesentlich tiefer als am Vortag. Nun gehören Ringeltauben ohnehin nicht zu den Geistesgrößen der Vogelwelt, aber diese hier war entweder besonders blöde oder hatte tatsächlich einen rabenschwarzen Tag erwischt. Nervös hin- und hertippelnd reckte sie immer wieder hektisch und vergeblich den Hals nach unten, wich ratlos zurück, ruckste mehrfach und versuchte es erneut. Was alle anderen Gefiederten vom Zaunkönig bis zum Eichelhäher auf Anhieb gemeistert hatten, nämlich einfach von einem tiefer liegenden Stein aus zu trinken, überforderte sie vollständig. Sie flog schließlich auf die Pergola, sah sich die Sache von oben an, kam immer wieder – mit immer demselben Misserfolg. Als sie sich unverrichteter Dinge abwandte, konnte ich ihr Achselzucken geradezu sehen. Vermutlich haderte sie genauso heftig mit dem feindlichen Schicksal wie ich angesichts meines plötzlich leer gefressenen Saatbeets.

Den Vogel in der tierischen Pleiten, Pech und Pannen-Serie schoss jedoch kein Vogel ab, sondern die junge Kröte, die irgendwo im Efeu wohnt. Dabei war es eigentlich ihr Glückstag: Bei der Teichreparatur bargen wir sie aus dem Sickerschacht, in den zu fallen sie auf rätselhafte Weise fertiggebracht hatte, und sahen mit gerührter Wohltäter-Befriedigung zu, wie sie schleunigst verschwand. Als Nächstes schlossen wir den Durchschlupf zwischen meinem Zaun und der Nachbarsgarage terrierwelpensicher, das heißt: mit einem Brett so eng, dass nicht mehr der winzigste Spalt offen blieb. Wenig später tobte an dieser Stelle ein klitzekleiner Aufruhr: Die Kröte hatte ihren gewohnten Wechsel versperrt gefunden und konnte sich mit dieser unerfreulichen Tatsache partout nicht abfinden. Abwechselnd sprang sie waagerecht gegen das Brett und senkrecht daran hoch, richtete sich daran auf und versuchte immer energischer, sich in eine nicht mehr vorhandene Lücke zu zwängen. Ich habe noch nie ein sonst so stoisches Amphibium so hemmungslos ausflippen sehen. Schließlich blieb sie erschöpft und fassungslos hocken, pumpte sich dick auf und wippte frustriert vor dem Hindernis auf und nieder. Ich ließ sie taktvoll allein und hoffte, dass ihr mit sinkendem Adrenalinspiegel irgendwann aufgehen würde, dass sie nur wenige Zentimeter seitwärts bequem unter dem Zaun durchschlüpfen konnte.

Abends, als alles ruhig war, nahm ich die abgestellte Pumpe am kleinen Bachlauf wieder in Betrieb und sah, wie sich das Wasser jäh vor dem engen Tonrohr staute, aus dem es in den Teich fließt. Aber nur einen Moment, dann wurde etwas Dunkles mit einem hörbaren »Plopp!« aus dem Rohr gespült und platschte in den Teich. Es war tatsächlich wieder die arme kleine Kröte, die sich nach all den Herausforderungen durch das Unerklärliche in diesen komfortabel klimatisierten Unterschlupf zurückgezogen hatte. Als sie nun mit eckigen Schwimmstößen dem Teichrand zustrebte, sah sie sogar von hinten aus, als dächte sie wirklich nur das eine: »Sch*** – das war mal wieder einer von *diesen Tagen!*«

I dreamed a dream...

Eigentlich wird es Zeit: Analog zum legendären »Golden Spike«, dem goldenen letzten Nagel, der einst in den USA die Eisenbahnlinie zwischen Atlantik und Pazifik vollendete, sollten wir Gärtner schleunigst die »goldene Blumenzwiebel« einführen: diese eine letzte, ganz besondere, mit der die Gartensaison endgültig abgeschlossen ist. Ich hätte sie um so mehr verdient, als das bei mir regelmäßig Dezember wird. Im glücklichen spätsommerlichen Wahn tendiere ich nämlich leider dazu, mal eben locker 900 zusätzliche Elfenkrokusse zu bestellen – im Großhandel natürlich, da, wo es auch diese entzückenden Narzissen gleich kiloweise gibt. Die Wirklichkeit ist dann oft ernüchternd: Wenn ich den Rest meiner Schönwetter-Spontankäufe endlich auf nassen Knien und mit klammen Fingern in den Boden gefummelt habe, wäre eine goldene Abschlusszwiebel durchaus angemessen!

Und dann? Wenn alles geschafft ist, gibt es zwei

Möglichkeiten: Entweder die Saison schloss so, dass sie am besten gar nicht zu Ende gegangen wäre – das Wetter war freundlich, es gab jede Menge goldenes Laub zum geruhsamen Aufharken, und ich kann die besondere letzte Zwiebel mit diesem unbezahlbaren, selbstzufriedenen Gefühl einer perfekt abgeschlossenen Aufgabe stecken. Danach fehlt mir der Garten dann sofort, und da hilft nur eines: umgehend Pläne für die nächste Saison schmieden und dabei so richtig ausufernd träumen.

Die zweite Möglichkeit: Das Wetter war seit Oktober durchgehend mies, der Boden wie Schmierseife, das Laub, vor Nässe schmuddelbraun, flog waagerecht in den Sturmböen. Dann haue ich die goldene Zwiebel hastig irgendwie in die Botanik – nur endlich fertigwerden! – und bin heilfroh über die saisonale Pause bei einer Arbeit, von der ich mich längst gefragt habe, wie zum Teufel ich mir sowas je freiwillig hatte aufhalsen können.

Seltsam nur: Diese ungetrübte Freude dauert höchstens bis kurz nach Weihnachten, wenn ich die schönen neuen Gartenbücher durchgelesen habe. Dann ertappe ich mich immer öfter beim Ölen von Geräten im Schuppen oder ähnlichen verräterischen Ersatzbefriedigungen. Die Symptome sind eindeutig: Ich hab' schon wieder Sehnsucht! Auch dann wird's höchste Zeit zum Träumen, gerade weil es sich so anfühlt, als wäre das nächste Grün noch viele dunkle Ewigkeiten entfernt.

Sowas kann allerdings folgenreicher werden, als man es sich buchstäblich je hätte träumen lassen. Mir hat der winterliche Konsum verlockender Hochglanz-Druckwerke unter anderem schon mehrere zugewucherte Pergolen und einen kleinen Teich eingetragen. Ich bereue da selbstverständlich nichts, aber inzwischen ist hier so gut wie jeder Winkel vergeben. Wenn ich jetzt noch Neues anfangen möchte (und welcher Gärtner möchte das nicht?!), wäre dafür schon umfangreiche Logistik erforderlich, und leider tendieren mit den Jahren auch die Wünsche dazu, so richtig ins Kraut zu schießen: Ein Gewächshaus etwa wäre toll, und – träumen kostet ja nichts – dann aber auch gleich ein umwerfend schönes. Gusseisen vielleicht, am liebsten so eine viktorianische Orangerie en miniature. Die Frage, wie sowas in meinem Hinterhof wohl aussehen würde, hat mir schon über viele trübe Stunden winterlichen Grün-Entzugs hinweggeholfen, und wenn ich schließlich den betrüblichen Tatsachen ins Auge sehen muss, dass ich das Objekt meiner Begierde höchstens in Kew Gardens in London finden würde, und dass etwas auch nur annähernd Ähnliches einen gnadenlosen Komplett-Kahlschlag sowohl meines Reviers als auch meines Kontos erfordern würde, sind die kürzesten, düstersten Tage schon glücklich vorbei. Die Sonne steigt, es ist schon fast Zeit fürs Samentüten-Stöbern im Gartencenter und der schlimmste Winter-Horror endlich überstanden.

Was ebenfalls bestens hilft, wenigstens zeitweise jede Schneematsch-Tristesse zu vergessen, ist mein chronisches Wunsch-Thema: die Hühner! Ich hätte so gern ein paar lebhafte, nette Zwerge, aber allmählich komme ich mir bei entsprechender Lektüre vor wie Harry Potters Wildhüter-Freund Hagrid über seinem ewigen Kult- und Sehnsuchtsbuch *Vom Ei zum Inferno: Ein Handbuch für Drachenhalter*: Schön wär's, aber leider nicht möglich. Falls die Hühnchen den engeren Kontakt mit Terrier Erbse überlebten und halbwegs zahm würden, könnten sie zwar einen guten Teil des Grundstücks mitbenutzen, sie bräuchten aber unbedingt ein gleichermaßen ratten-, marder- und habichtsicheres, für den Winter gut isoliertes, für mich gut zu pflegendes und dann auch noch halbwegs attraktiv aussehendes Hauptquartier – und würden nach so einem Bauprojekt darin die vermutlich teuersten Eier Europas legen. Also doch lieber ein Gewächshaus, vielleicht wenigstens ein ganz kleines? Das gackert dann auch nicht und hält so auch gleich das nachbarschaftliche Konfliktpotenzial in erfreulich engen Grenzen.

Jetzt wäre die Zeit zum Überlegen. Ob ich mir also einfach mal Kataloge bestelle …? Träumen ist schließlich erlaubt – wozu sonst sollten diese dunklen, gartenlosen Monate eigentlich gut sein?

Nichts wie rein!

Es ist schon auffallend: Sobald es ernst wird mit dem Herbst, scheint ein großer Teil der hiesigen Tierwelt kollektiv von einem starken Drang ergriffen zu werden: nichts wie ins Haus! In meines, versteht sich – und nicht immer laufen diese Besuche so kultiviert ab wie der des Rotkehlchens, das durch die offene Terrassentür ins Zimmer hüpfte, sich da kurz umsah und dann, mit all dieser zutraulichen Neugier, mit der die kleinen Vögel auch gerne buddelnde Gärtner begleiten, nicht nur um die Ecke in die Küche hüpfte, sondern da auch noch zielsicher den Hundenapf ansteuerte und sich aller Ruhe bediente. Ich wartete derweil still und mit angehaltenem Atem auf das große panische Geflatter gegen die Fensterscheibe. Doch es kam nicht: Als das Rotkehlchen satt war, nahm es genauso gelassen den Weg zurück, den es gekommen war, und putzte sich dann ausgiebig draußen auf dem Geländer.

Die Spitzmäuse dagegen kommen, um zu bleiben, und das geht leider meistens schief. Zwar schaffen sie es durch verblüffend winzige Ritzen in den Keller, aber entweder enden sie dann im Terriergebiss, oder ihr Turbo-Stoffwechsel läuft so schnell leer, dass sie bald verhungert unter dem Vorratsregal liegen. Es sei denn, sie haben mich vorher an den Rand des Herzstillstands gebracht: Ihr Talent zu dramatischen Auftritten steht in keinem Verhältnis zu ihrer Winzigkeit. Wem je im dämmrigen Keller unverhofft etwas Winziges, Pelziges, schrill Piepsendes über den Fuß gehuscht ist, der weiß, wovon ich rede. So weiß ich aber wenigstens rechtzeitig, dass sie da sind, und kann sie per Lebendfalle wieder ins Freie befördern.

Eindeutig gesundheitsgefährdend war auch der Abstecher, zu dem sich der dreiste alte Revier-Eichkater während einer sonnigen Mittagspause entschloss. Mein Terrier, damals noch die große Jägerin Kümmel, und ich dösten gemeinsam auf dem Sofa. Die Fenster waren weit offen, auf dem Tisch stand eine Schale mit Nüssen und Obst. Plötzlich ein Plumps und ein Kratzen, und aus den Heckenrosen landete das Eichhörnchen mitten auf der Fensterbank und peilte entschlossen die verlockende Schale an.

Eine Schrecksekunde lang herrschte totale Stille,

dann brach die Hölle los: Kümmel stürzte mit einem mordlüsternen Aufschrei in Richtung Traumbeute, ich warf mich mit einem ebenso hysterischen »Nein!« hinterher und bekam sie in einer Art Torwart-Parade mit unsanfter Landung gerade noch am Hinterbein zu fassen, bevor sie dem Hörnchen kurzerhand durch das Fenster nachsetzte. Resultat: ein vor Jagdfieber fast hyperventilierender Hund, ein wütend mit dem Schwanz peitschendes und zeterndes Eichhorn draußen, ein blau geschlagenes Knie bei mir.

Mit ähnlichen Wohnzimmer-Jagdszenen hätte auch die Visite des feisten Froschs enden können, der unter ausgeprägten Identitätsproblemen litt. Vielmehr: Er litt nicht, er profitierte von ihnen. Dass er als Grasfrosch bodenbewohnend war, ignorierte er nämlich erfolgreich. Im Blumenkübel unter der Außenbeleuchtung kletterte er stattdessen wie ein Laubfrosch hoch in die Geranien neben der Haustür. Reichlicher Insektensegen abends und ein gemütlicher Tagesschlafplatz zwischen dem Kübel und der warmen Hauswand belohnten die kreative Amphibie.

Bis sie eines Tages buchstäblich zu weit ging. Ich hatte kurz die Tür offengelassen und sah, wie mein Terrier, schon in dieser unheildrohenden, sprungbereiten Starre, plötzlich etwas fixierte, das quer durchs Wohnzimmer geradewegs aufs Hundekörbchen zuhüpfte: Der fette Frosch hatte sich kurzentschlossen auf den Weg vom ungemütlich Herbstlichen ins Warme gemacht. Es kostete meine härteste Kruppstahl-Stimme, den Hund am Zugriff zu hindern, doch der Eindringling, von meinem Dazukommen erschreckt, begab sich prompt in noch größere Gefahr: Er bog ins Nebenzimmer ab – und da steht der Kaminofen. Meine Katastrophengedanken überholen ihn im Schnellvorauf: ein Riesenhüpfer gegen den heißen Ofen – und …

Zwar schaffte ich es dann, den Dicken ganz vorsichtig von der Gefahrenquelle wegzulotsen, nur wählte er leider wieder die falsche Richtung. Statt durch die behutsam geöffnete Terrassentür verschwand er unter dem feststehenden Schrank. Was dann wieder hervorkam, sah wirklich aus wie eine artgerechte Terrierbeute: pelzig. Rundum eingekleidet in alles, was sich an Hundehaaren und Staubflusen in dieser schwer zugänglichen Ecke gesammelt hatte, hopste da sozusagen meine froschgewordene Hausfrauen-Schande, ein surreal aussehendes grauweißes Etwas, das man vermutlich am ehesten mithilfe von Harry Potters Zauberschul-Lehrbuch »Fantastische Tierwesen und wo sie zu finden sind« näher hätte bestimmen können.

Da blieb nur noch eins: Ich fing das arme Viech

endlich ein und warf es kurzerhand in den Teich. Geschockt, doch glatt, schoss der Frosch ins Tiefe, während hinter ihm ein Kometenschweif weißer Haare an die Oberfläche schaukelte. Am Abend saß er schon wieder ungerührt an seinem Stammplatz neben der Haustür – aber ich passe seitdem noch deutlich mehr auf, wem ich die eigentlich offenlasse…

*Kleiner Sch***köter!*

Es wird wohl Zeit für ein Outing: Erbse, meine bevorzugte Garten-Begleiterin, mein entzückender blütenweißer Terrier, ist leider auch der Inbegriff eines Scheißköters. Was in ihrem Fall wörtlich zu nehmen ist und für mich nach der katzensauberen Vorgängerin Kümmel einen gelinden Kulturschock bedeutet. Was immer draußen schmiert und stinkt, reibt Erbse sich mit Hingabe ins Fell, und längst hat sie gelernt, vorher nicht mehr verräterisch zu schnüffeln und mich so auf den Plan zu rufen, sondern sich blitzschnell per Galopp-Rolle mit sofortigem Weiterrasen zu parfümieren. Um meine regelmäßigen Niederlagen gegen das kleine Stinktier wenigstens mit Humor zu tragen, klammere ich mich an die Tierpsychologen-Hypothese, nach der Hunde Gestank einsetzen wie Menschen ein knallbuntes Hawaii-Hemd: als demonstratives »Übersieh mich nicht – ich bin so toll!« Erbses strahlendes Terrier-Grinsen nach besonders geglückten Wälz-Aktionen spräche sehr für diese Theorie.

Ihre bisherige Höchstleistung auf der nach oben offenen Ferkelskala vertrieb mir allerdings selbst die Restbestände von Humor. Natürlich war es Weihnachten, natürlich das Essen schon im Ofen und der Besuch nicht mehr weit weg. Mein Vater übernahm da netterweise den Spaziergang – und stellte mir dann mit den lakonischen Worten: »*Dein* Hund muss mal gewaschen werden!« einen – pardon! – lebendigen Siebenkilohaufen auf den frisch geputzten Flur, bevor er mit einer für sein fortgeschrittenes Alter verblüffenden Geschwindigkeit verschwand. Über die nächste halbe Stunde breiten wir besser den Mantel festtäglichen Schweigens. Nur so viel als Tipp für Mitgeplagte: Tomatenmark ist stark geruchsbindend, und so landete es eben auf dem Hund statt im Gulasch. Der Besuch, von einem rosa getönten, nach Babyshampoo und Bahnhofsklo gleichermaßen duftenden Terrier begrüßt, lachte sich anschließend kaputt, während ich lange mit unheimlicher psychosomatischer Übelkeit zu kämpfen hatte…

Kein Wunder also, dass auch Erbses und meine Vorstellungen von Gartenspaß nicht immer kompatibel sind. Kümmel wälzte sich höchstens in frischer Beute oder saute sich beim Kompostbuddeln quasi nebenbei ein, und die Erinnerung daran, Mäuse-Innereien oder rottenden Porree von meiner vierbeinigen Garten-Gesellschaft zu klauben, erfüllt mich längst mit wehmutsvoller Nostalgie. Erbse geht da ganz anders zur Sache, konzentriert und mit totalem Körpereinsatz. Gleich im ersten Frühjahr schaffte sie es, mir die problematischen Seiten organischer Düngung buchstäblich unter die Nase zu reiben: Dass der großzügig verteilte pelletierte Rindermist ein Fehler gewesen sein könnte, ging mir schlagartig auf, als ich nach dem ersten Regen meinen Junghund auf dem Rücken durchs Revier schrubben sah, selig schniefend, ekstatisch mit allen Vieren in der Luft zappelnd und vor lauter Genuss regelrecht weggetreten. Intensiv-Wellness direkt vor der Haustür: Exakt so hatte sich Erbse artgerechte Terrierhaltung immer vorgestellt!

Für einen derartigen Wälz-Profi ist der Garten tatsächlich ein Reich unbegrenzter Möglichkeiten, und mein Hund, durch Erfahrung klug geworden, nutzt diese vorsichtshalber nur noch, sobald ich abgelenkt bin. So ist selbst um diese Jahreszeit die Ruhe an der heimischen Geruchsfront eher trügerisch: Im Schutz der frühen Dunkelheit, am liebsten dann, wenn ich gerade Holz ins Haus schleppe, stöbert Erbse rundum nach den Hinterlassenschaften tierischen Besuchs, und um die zur Schau zu tragen, ist sie bestens ausgerüstet: Entlang des Halses zieren sie zwei schicke, fluffige Fellfransen, die sich mit den olfaktorischen Highlights des Tages wunderbar zur Irokesenfrisur aller Terrierträume aufgelen lassen. Wo die fetten Ringeltauben schlafen, weiß sie selbstverständlich längst, und ebenso selbstverständlich bleibt es nicht bei Taubenmist. Wenn sie so weitermacht, sind Erbse und ich bald aussichtsreiche Kandidatinnen für eine dieser Fernseh-Wettsendungen: Nicht mehr lange, und ich kann unsere Gartengäste am Geruch unterscheiden. Ob nun Katze oder Marder, Igel, Taube oder die sporadisch vorbeikommende Ente: Den Blick ins einstmals weiße Fell brauche ich zur Identifikation immer seltener.

Wenn mir alles zu sehr stinkt, habe ich daher schon erwogen, zusammen mit Besitzern ähnlich veranlagter Vierbeiner eine Selbsthilfegruppe der Scheißköter-Geplagten zu gründen und zur Hauptversammlung meinen Garten flächendeckend mit Gülle zu düngen. Aber immerhin: Erbse ist wenigstens klein, drahthaarig, und so vergleichsweise gut sauber zu kriegen. Und vor allem: Ich wollte es ja nicht anders. Denn dass Russells das, was sie tun müssen, sehr ausdauernd erledigen, und dass sie, was diese unwiderstehliche, zielgerichtete Pfiffigkeit beim Verfolgen ihrer Prioritäten angeht, nun mal in einer besonderen

Hunde-Liga spielen, hatte ich schließlich vorher gewusst. Also halte ich mich zum Trost wohl besser an das altbewährte Mantra: »Ich wollte ja unbedingt einen Terrier … ich wollte ja unbedingt…« – und das eben auch im Garten!

Steinfieber

Immer dasselbe: Die Zeit verlangsamt sich jetzt auf mysteriöse Weise. So entnervend langsam wie von Weihnachten bis zum Frühjahrsgrün schleicht das ganze übrige Jahr nicht dahin. Ein Glück, dass mich wenigstens schon ein Stück Garten auf der Fensterbank begleitet. Nein, ich meine keine Topfpflanzen. Ich meine einen faustgroßen Stein, der etwa aussieht wie roter Granit, in den ein hellgrüner Blitz eingeschlagen ist, eine gezackte Ader, die bei Nässe wunderbar leuchtet. Er ist ein Unikat von der Rügener Steilküste. Den Sommer verbringt er im Garten, im Winter ist er mir drinnen Trost und Versprechen auf die nächste Draußen-Zeit. Er hilft tatsächlich, denn ich habe eine ausgeprägte Stein-Macke. Die Objekte meiner Begierde müssen dabei weder groß noch schön, weder selten noch kostbar sein. Sie müssen eigentlich nur eines: Sobald wir uns treffen, müssen sie unmissverständlich signalisieren: Ich will in deinen Garten – unbedingt!

Da freue mich dann an ihnen: an den selbst gefundenen Versteinerungen ebenso wie an einem fantastischen Geburtstagsgeschenk, dem gewaltigen gelben Feuerstein vom Elbgrund, der mit seinen malerischen Aushöhlungen aussieht wie ein riesiger Hühnergott. Ich streiche gern über den hellgrauen Granit, groß und rund wie ein Straußenei, der den herbstlichen Kartoffelfeldrand bereitwillig mit meinem Revier vertauschte, und mag den roten, weiß getupften Ich-weiß-nicht-was, der mich bei Regenwetter so oft anfunkelte, dass ich ihn schließlich mühsam aus der Sandstraße grub. Nicht zu vergessen die vielen, vielen steinernen »Normalos« überall, die von ebenso vielen Hundespaziergängen erzählen.

Ich bin offenbar nicht die Einzige, die schönen Steinen nicht widerstehen kann. So ziemlich jeder Gärtner, den ich kenne, bekommt beim Thema: »Ich hab' da mal einen gefunden, der *so* perfekt zum Buchsbaum passte...« glänzende Augen. Und gnade uns Süchtelnden Gott, wenn es nicht mehr um einzelne Zufallsfunde geht, sondern wir uns auch noch im Paradies aller einschlägig Veranlagten wiederfinden. Meins liegt in einer Ecke von Rügen, die Badetouristen erfreulicherweise links liegen lassen. Stein-Spaß pur: Terrier Erbse springt auf Findlinge, um mit flatternden Ohren und aus ganz ungewohnter Höhe stolz die Ostsee zu kontrollieren, und ich kann mich nie sattsehen. Von den Riesenfindlingen im Wasser bis zum feinen Kies oben am Flutsaum eine archaische Landschaft aus Steinen aller Größen, Farben und Formen: rund geschliffen und spitz geschlagen, gebuckelt wie auftauchende Walrücken und kantig wie eine Haiflosse, silbergrau und zartrosa, grünlich und rot gesprenkelt, feuersteinschwarz, kreideweiß. Hier lernt man Regenwetter lieben: Dann leuchten sie nämlich allesamt wie poliert. Und, klar: Jeder Einzelne von ihnen würde dem Garten wunderbar stehen. Wer also darf mit? Der grau-rosa Granit mit dem herrlichen sanften Wellenmuster? Der Grünliche mit den Silbersprenkeln? Der lackschwarze Feuerstein zu den roten Terrakottatöpfen? Kreideweiß in Herzform, um es an den rotbraunen Kirschbaumstamm zu lehnen? Paradies und Entsagungsfolter gleichermaßen, und seither weiß ich, wie sich das legendäre Steinfieber anfühlt. Es beginnt mit einem zufälligen Blick nach unten, verrät sich durch manisch flackernde, kaum noch vom Boden erhobene Augen und kann schließlich ausgerissene Jackentaschen und Bandscheibenprobleme ebenso nach sich ziehen wie verstimmte Miturlauber, die die Ferienwohnung unaufhaltsam unter den Brocken verschwinden sehen. Was diesen unerklärlichen blitzschnellen Vermehrungsfaktor angeht, sind Steine übrigens genauso schlimm wie Bücher: Lässt man sie in ein Revier ein, übernehmen sie es ruckzuck. Von vergessenen, deprimierend einstaubenden Urlaubsmitbringsel-Geröllhalden im trauten Heim bleiben wir ja glücklicherweise verschont: Im Garten sind Steine im Wechsel zwischen Sonne und Regen, Licht und Schatten immer lebendig und erzählen bereitwillig und sehnsuchtweckend vom genüsslichen Aus-der-Welt-Fallen zwischen Flutsaum und Buchenwald.

Das hätte ich dann allerdings fast zu wörtlich genommen, und als mich das Zusatzgewicht eines wirklich einmaligen grün gezackten Granits (hinreißend zur burgunderroten Clematis!) beinahe rückwärts vom Steilhang hätte stolpern lassen, erlegte ich mir schweren Herzens Beschränkung auf: nur noch drei Kleine je Spaziergang. Vor der Rückreise gab's trotzdem Krach, weil ich mich, wie jeder Fühlende verstehen wird, zugunsten der Auto-Gesundheit von keinem meiner Schätze trennen konnte. Einen glücklichen Sommer verbrachte ich anschließend damit, sie im Garten in immer neue Pflanzengesellschaft zu platzieren. Allerdings: Eigentlich sind sie doch alle ein bisschen klein und tendieren deshalb dazu, zu schnell im wuchernden Grün unterzugehen. Im nächsten Urlaub werde ich mich also versuchsweise an größere

Aufgaben wagen müssen. Terrier und Garten wird ein erneuter Steinfieber-Schub gleichermaßen freuen. Was Mitreisende und Auto dazu sagen, bleibt abzuwarten…

Mein kleiner grüner Kaktus

Mit Kakteen ist es wie mit dem Älterwerden: Es gibt kein Entrinnen. Lange genug habe ich kaktusfrei gelebt, nicht einmal so sehr, weil ich die Stachler nicht mag, sondern eher, weil meine Versuche mit ihnen in niederschmetternden Misserfolgen endeten. Meine allererste niedliche Mini-Kakteensammlung etwa fiel meinem frei laufenden Streifenhörnchen zum Opfer, das zuerst die Schale als Abenteuerspielplatz benutzte, dann die Pflanzen mit Stumpf, Stiel und Stacheln genüßlich verzehrte. Später nahm ich gelegentlich aus Mitleid einen schrumpeligen Supermarkt-Sonderangebots-Gliederkaktus mit in die Stadtwohnung. Dort wuchs er dann zwar kräftig, blühte aber grundsätzlich nie. Was sich umgehend änderte, sobald ich die Pflanzen frustriert an ältere Nachbarinnen verschenkte: Bei denen verwandelten sie sich garantiert in wahre Blühwunder, angesichts derer ich mich regelmäßig als Versagerin fühlte. Ich tröstete mich damit, dass mich Kakteen eben einfach nicht mochten, und ich hatte es ohnehin ja immer gewusst: Gliederkakteen sind die Oma-Pflanzen schlechthin, also nichts für mich. Nochmal später, mit dem Einzug des ersten Terriers, verschwanden dann meine letzten Topfpflanzen, weil sie mit einem auf dem Fensterbrett patrouillierenden Jack Russell nicht kompatibel waren. Kakteen vermisste ich da noch am wenigsten, die waren für mich ohnehin so etwas wie Gewächse von einem anderen Stern geblieben: fern, abweisend, oft staubig und mürrisch wirkend, kurz: Wir passten einfach nicht zueinander.

Und dann, vermutlich weil ich älter geworden war, passierte es doch: Ich bekam einen klitzekleinen Gliederkaktus geschenkt, sorgsam in einen knallblauen Plastiktopf gesetzt. Das unerwünschte Präsent kurzerhand auf den Kompost zu entsorgen, brachte ich einfach nicht fertig. Dazu war der zweigliedrige Mini in seiner aufrechten, kecken Winzigkeit dann doch zu niedlich. Also quartierte ich ihn schleunigst aus dem Plastik in einen Tontopf um, stellte ihn versteckt in den Halbschatten zwischen den Tomatentöpfen und übersah ihn den Sommer über komplett. Im Herbst hatte er sich locker verdreifacht: Nun waren es schon sechs Glieder, die sich leicht herabhängend über den Topfrand reckten. Wenn ich ihn wirklich nicht wollte

– und ich wollte ihn wirklich nicht – war es jetzt an der Zeit, ihn einfach draußen zu »vergessen« und dem Frost alles Weitere zu überlassen. Natürlich brachte ich das erst recht nicht fertig, nahm den unerwünschten Gast also seufzend mit ins Haus, stellte ihn aufs Küchenfensterbrett – und fand ihn da beinahe furchterregend: Jetzt hatte sich tatsächlich der erste Kaktus bei mir eingeschlichen. Was war da wohl als nächstes fällig: Kuckucksuhr und Eiche rustikal?!

Der Grüne muss gespürt haben, wie missbilligend ich ihn musterte, geahnt, dass sein Schicksal nun doch auf der Kompost-Kippe stand – jedenfalls schob er schleunigst reichlich winzige Knospenansätze, und prompt überwog meine Neugier meine Abneigung: Wie würde er denn nun blühen? Er blühte dann überraschend schön, nicht etwa knallrot oder plastikrosa, sondern in einem schimmernden, zartrosa überhauchten Weiß mit leuchtend fuchsienfarbenen Stempeln. Über und über bedeckt mit diesen überdimensionalen, sozusagen doppelstöckigen Blüten glich er eher einer aparten Orchidee als einem langweiligen, alltäglichen Gliederkaktus. Solche Pracht konnte ich ihm keinesfalls mehr mit schnödem Entsorgen vergelten, daher nahm ich ihn, nachdem er ausgeblüht hatte, mit ins kühle Obergeschoss, um ihm am Nordfenster eine Erholungspause zu gönnen. Da war er vor allem auch gleich ein wenig außer Sicht, und den Sommer konnte er dann meinetwegen wieder im Garten verbringen, da störte er nicht. Mit diesem Beiseitestellen hatte ich, wie schon im Sommer zuvor, wohl unwissentlich genau das getan, was er brauchte. Als die Sonne wieder zu steigen begann, wiederholte er das Wunder vom Spätherbst: Wieder sprossen aus allen Triebspitzen winzige weiße Knospen, und nun wusste ich natürlich, was ich zu tun hatte: Ich nahm ihn wieder mit ins Warme, Helle und goss ihn regelmäßig. Und tatsächlich: Der Kaktus blühte im Vorfrühling ein zweites Mal, noch üppiger als im Herbst, und diesmal war ich wirklich hingerissen von der unverhofften Pracht. Was kein Wunder war: Blühende Konkurrenz gab es um diese Jahreszeit weder drinnen noch draußen, und ich hatte inzwischen Monate des grausamen winterlichen Garten-Entzugs hinter mir.

So viel buchstäblich blühender Sympathiewerbung konnte ich mich nicht weiter entziehen, und so zahlte sich schließlich die Hartnäckigkeit aus, die seinesgleichen auch unter miserablen Bedingungen überleben lässt: Ich machte endgültig meinen Frieden mit dem Kakteenbesitzer-Status. Diesen Sommer hat er wieder im Garten verbracht, und nun steht hier schon ein ziemlich stabiler Bursche auf dem Fensterbrett. Mit dem üppigen Wuchs und den prallen, glänzend grünen, rötlich überhauchten Gliedern sieht er ziemlich selbstzufrieden aus, und dazu hat er ja auch allen Grund, mein kleiner grüner Kaktus. Immerhin sticht er nicht!

Die wunderbare Welt der Gartenhühner

Neues Jahr und damit Zeit, neue Mitgärtner vorzustellen: Die Hühner sind da, und ich kann mir den Garten längst nicht mehr ohne sie vorstellen. Wie öde muss es hier doch früher gewesen sein, ohne diese Federbälle, die morgens wie Flipperkugeln aus der Hühnerklappe schießen, um flügelschlagend ins Rosenbeet durchzustarten. Ohne den anschwellenden »baak? baak?! BAAK!«-Chor unter dem Küchenfenster, falls sich der Service verspätet. Und ohne den ständigen Spaß bei jedem Gartengang: Woher kommen sie jetzt angeschossen, um einen Leckerbissen zu erbetteln? Unter den Gallica-Rosen hervor, aus dem Fliedergestrüpp, oder doch wieder aus ihrem Hauptquartier unter der überhängenden Riesenweigelie?

Dass die Hühner hier so ein Erfolg geworden sind, liegt sicher auch daran, dass ich schon hinter mir habe, was viele Gärtner zögern lässt, sich Hackschnabel plus Kratzkrallen ins Revier zu holen: den Abschied von allem, was empfindlich ist. Nachbars Nadelbäume plus drei Arktiswinter haben da so gewaltig aufgeräumt, dass mein Gärtchen auf dem untersten halben Meter wie verwaist wirkte – genau da also, wo jetzt die Hühnchen wieder für fröhliches und dekoratives Leben sorgen. Was übrig blieb, Obstbäume, Sträucher und Bauerngarten-Robustes, erwies sich als ideales Revier für diese Waldrandvögel, die offenen Flächen misstrauen, meine Liebe zu wuchernden Rosensträuchern dagegen in vollem Umfang teilen.

Und, natürlich: Es sind die richtigen Hühner am richtigen Ort. Mein Herz lechzte zwar nach den temperamentvollen, schnittigen und flüchtigen Landrassen, aber die sind nun mal nicht besonders innenstadt- und vor allem nicht terrierkompatibel. Erbse ist eine Bewegungsjägerin par excellence, und so etwas mit ähnlichen Geschossen in Hühnerform zusammenzubringen, hätte mit buchstäblich tödlicher Sicherheit nur das eine ergeben: Frikassee. Coolness ist hier die erste Hühnerpflicht, und da die Vögel den kleinen Garten ergänzen, nicht aber dominieren oder verwüsten sollen, sollten es Zwerge sein, wenn auch keine ganz winzigen. Winterhärte war ein Muss, allzu üppige frostgefährdete Kämme oder Kehllappen verboten sich also von selbst, und kurze Beine, Seidenfedern und Federfüße wollte ich auf dem schweren, nassen Boden nicht haben – ein regelmäßiges Frühstücksei dafür um so lieber.

Blieben die, die ein Fachbuch liebevoll-spöttisch als »Golden Retriever unter den Hühnern« bezeichnet: die pflegeleichten, ebenso robusten wie freundlichen Zwergwyandotten. Hermine und Henriette, beide ein Jahr alt und bezaubernd zutraulich dank besten Vorlebens bei einem liebevollen Züchterehepaar, erwiesen sich als Glücksgriff. Sie nahmen ihr Revier selbstverständlich in Besitz, Eier gab es von Anfang an reichlich, und der Flurschaden hält sich in akzeptablen Grenzen. Dafür, dass sie tatsächlich winzige Nacktschnecken fressen, hätte ich ihnen ohnehin so ziemlich alles verziehen.

Amerikaner nennen ihre gefiederten Landsleute *Dotties*, »Pünktchen« also, und tatsächlich: Hermine und Henriette sind Kugelhühner, rundum adrett abgerundet, und tragen zum leuchtenden Goldbraun elegante schwarze Spitzenkragen, die perfekt zum Schwarz in Schwingen und Schwanz harmonieren. Der noblen Halszierde wegen hieß dieser Farbschlag ursprünglich »Hermelin«, auf Englisch und Französisch *Ermine*, sodass eine Hermine hier natürlich unumgänglich war. »Columbia«, wie das schicke Kragenmuster heute heißt, ist nur einer von an die dreißig attraktiven Farbschlägen, in denen Zwergwyandotten gezüchtet werden.

Hermine und Henriette brachten mir umgehend bei, weshalb Hühner zu den Lieblingstieren von Verhaltensforschern und Cartoonisten gehören: Sie sind Hingucker par excellence, gesegnet mit diesem unwiderstehlichen Charme des Grotesken. Wenn sie auf den überdimensionalen maisgelben Saurierfüßen vorbeilaufen, eifrig, eilig und zielstrebig, das knallrote Reptiliengesicht mit dem flachen Kamm und den lebhaften Augen ständig in Bewegung, sehen sie aus, als wären sie eigens dafür geschaffen worden, Menschen zum Lächeln zu bringen. Und wenn Henriette im Zickzack, beinahe über die einwärts gerichteten Füße stolpernd, einen Stachelbeerspanner durch den Garten jagt, kommt da keine Fernseh-Comedy mit.

Die kleine, agile Henriette ist die Chefin der beiden, clever und schnell nervös, eine rekordverdächtige Legerin, aber vor lauter Höchstleistung immer ein bisschen angespannt und zerzaust, ein Managertyp, der scheinbar ständig darauf wartet, dass das Handy wieder klingelt. Sogar ein Stück Brot kann sie mir nur mit einem kleinen drohenden »gock!« hastig aus der Hand reißen. Hermine dagegen, blank und behäbig, ist eher ein Buddha in Hühnergestalt, der sich nur vom Futter aus der meditativen Ruhe bringen lässt. Frische Blaubeeren, in Fachkreisen auch »Hühner-Speed« genannt, bringen sie regelrecht zum Explodieren.

Mit ihnen ist jede Menge Spaß in den Garten gezogen, Zeit also auch, all den netten Menschen herzlich zu danken, die mich immer wieder mit eigenen Erfahrungen ermuntert haben, dieses kleine Abenteuer mitten in der Stadt zu wagen. Sie hatten alle recht: Sie hat entschieden was, die neue, wunderbare Welt der Gartenhühner!

Aufhören ...? Nicht wirklich!

Eigentlich wollte ich aufhören. Un-eigentlich ging das natürlich nicht, weil mir der Garten dafür schon – buchstäblich – viel zu sehr ans Herz gewachsen ist. Aber das Saisonende-Fazit im letzten Winter war schon bitter: Mein geliebter Garten fällt unaufhaltsam einem verbreiteten Übel zum Opfer: dem Nadelfluch. Billig, dauergrün und pflegefrei – so marschierten sie vor Jahrzehnten überall ein, die niedlichen Tannenbäumchen, die eigentlich riesige Fichten sind. Leider wachsen sie von einem gewissen Punkt an dermaßen rasant, dass sie auf normalen Grundstücken so artgerecht untergebracht sind wie ein Blauwal im Gartenteich, und so leidet nicht nur mein Grundstück heute bitter unter den Spätfolgen nachbarlichen Nadelwahns. Uns hat es allerdings besonders bös erwischt, mit einem finsteren, verschnittenen Aufmarsch entlang der Südgrenze, der längst deutlich höher ist als mein kleiner Hof groß. Was bedeutet: Tiefschatten auf der gesamten Südseite und von August bis April Finsternis auf dem größten Teil des Grundstücks, jedes Jahr ein guter Meter mehr. Ich will hier niemanden mit den gescheiterten Lösungsversuchen belästigen, nur soviel: Gartenkäufer in Niedersachsen sind offenbar gehalten, umgehend präventiv die Nachbarn zu verklagen, sobald sich auch nur eine Nadel irgendwo blicken lässt, wo sie viele Jahre später lästig werden könnte. Gesunder Menschenverstand – zunächst hinzunehmen, was noch nicht stört, und nur im Fall des Falles zum allerletzten Mittel zu greifen – wird hier nämlich hart bestraft: Nach einer gewissen Frist haben die Nadligen Bestandsrecht und der eigene Garten für immer das Nachsehen.

Nachdem der Fichten-Horror hier die Fünfmetermarke überschritten hatte und richtig loslegte, kam es, wie es kommen musste: Meine drei alten Obstbäume, brutal vom Licht abgeschnitten, reagierten mit panischem Hochschießen. Geregelter Schnitt war kaum noch möglich, um sie nicht noch tiefer in den Schatten zu stellen. Unter dem Wettwachsen, in dem die Laubbäume natürlich hoffnungslos unterlegen sind, begann überall auf meinem kleinen Grundstück der große Rückzug. Vorbei war es mit den Gemüsetöpfen auf der Südterrasse und den Kräutern an der Küche. Mein erster Gärtnerstolz, die extra aus England bestellten Strauchrosen dicht am Haus, kümmerte sich buchstäblich zu Tode, die Lilien resignierten, der Wein an der Südwand trieb nur noch Pilze. Sowas tut richtig, richtig weh – und dass mir jetzt bitte niemand mit den Freuden des Schattengärtnerns kommt: Zum einen würde mir dafür die Nordseite durchaus genügen, und zum anderen kapitulieren selbst Farn und Funkie sehr schnell, wenn sie regelmäßig und üppig mit Fichtennadeln zugeschüttet werden.

Ein Stückchen Restgarten nach Westen habe ich im Moment zwar noch, etwas anderes aber verschwand während dieser Teilenteignung immer mehr: das berühmte Gartenglück. Es ist ernüchternd, sich nicht mehr darauf freuen zu können, was einen wohl als Nächstes ansieht, sondern sich nur noch fragen zu müssen, wer wohl als Nächster aufgibt. Ein trübes Winterfazit, während ich aus dem düsteren Haus erbittert auf die noch düsterere Südseite starrte. Kein Himmel mehr zu erspähen, nur ein paar margarinefarbige, kränklich wirkende Mittagssonnenflecken irgendwo in der Mitte der erdrückenden Fichtenschwärze. War es nicht Zeit, sich den Umständen zu beugen und den Garten einfach aufzugeben?

Und dann – ich hätte es ahnen sollen – kam es doch wieder, wie es immer kommt: ganz anders. Ein lautes »Tschilp!«, und auf der Pergola saß ein Sperlingspärchen. Spatzen, richtige Spatzen – wann hatte ich diese geliebte Erinnerung an Kindheits- und ländliche Ferientage eigentlich zum letzten Mal gehört und gesehen? Ob die beiden wohl bleiben würden, wenn ich sie nur gastfreundlich versorgte? Vielleicht sogar hier brüten? Würde ich am Ende – einer meiner lange begrabenen kleinen Träume – einen Spatzenschwarm in den Garten bekommen? Und unverhofft waren sie wieder da, die Neugier, die Freude und mit ihnen die Erkenntnis: Eigentlich hängt meine persönliche Gartenfreude ja schon längst nicht mehr an den Pflanzen alleine, sondern mindestens ebenso an den Tieren, die hier regelmäßig zu Gast kommen. Eins ohne das andere wäre unvorstellbar, und wo es mit dem einen schwierig wird, kann das andere immer noch das kleine, große Gartenglück bedeuten.

Es wurde also doch kein Ende, es wurde einfach anders. Den kleinen Spatzenschwarm habe ich inzwischen, und seine bestechend freche Vitalität ist tatsächlich ein Trost, wenn ich auch diesen Winter wieder im Dunkeln sitzen muss. Neues anfangen zu dürfen, statt chronisch Abschied zu nehmen, war auch ein wunderbarer Grund, das zu tun, was ich schon ewig tun wollte: Ich habe mir endlich Hühner angeschafft, und natürlich hatten alle recht, die mir über die Jahre von ihren gefiederten Mitgärtnern vorgeschwärmt haben. Es gibt also wieder genug zum Freuen draußen, und die Hoffnung stirbt bekanntlich eh zuletzt: Vielleicht fallen die Horror-Fichten eines Tages ja doch noch einfach um!

Inhalt

Neues vom Alten: Burgunder 5
Einer geht immer: Efeu 11
Spontane Zwerge: Elfenkrokus 17
Das Gewässer des Grauens 23
»… während du eifrig andere Pläne machst«:
Scharbockskraut 28
Frühlingsgefühle 33
Der Kokos-Killer 39
Schwereloses Violett: Zierlauch 44
Fortsetzung folgt: Nashornkäfer 49
Showdown unter der Pergola: »Erbsen-Reha« 55
Im Westen nichts Neues 60
Mal wieder die Heckenrosen… 65
Fernsehen für Terrier: Haselnuss 71
Liebe, Traum und Tod: Staudenmohn 76
Unbeschreiblich: Tuscany 81
Botanisches Blind Date: »Blush Rambler« 87
Die Kunst des Wartens: Stockrosen 93

Das perfekte Rascheln 99
Patente Pastinaken 104
Kein Wunder für mein Wunder? 109
Häufig, aber einzigartig: »Étoile Violette« 115
Die Verwandlung: Libellen 121
Der schiefe Turm: Kompostkiste 127
Ein Beet voll gespitzter Ohren: Lungenkraut 132
Goldrausch 137
Shit Happens 143
I dreamed a dream... 147
Nichts wie rein! 153
Kleiner Sch***köter! 158
Steinfieber 163
Mein kleiner grüner Kaktus 169
Die wunderbare Welt der Gartenhühner 175
Aufhören...? Nicht wirklich! 181